RELATION

DU

COMPLOT D'AVÉSNES.

RELATION

DU

COMPLOT D'AVESNES,

ET

DES DÉBATS

A LA COUR D'ASSISES DU NORD.

PAR AUG. L***.

> Le bonheur ou le malheur d'un État dépend
> principalement de la manière dont on y rend
> la Justice.
>
> (MONTESQUIEU.)

AVESNES,

C. VIROUX, IMPRIMEUR-LIBRAIRE.

—

1837.

IMPRIMERIE DE C. VIROUX.

PRÉFACE DE L'ÉDITEUR.

Les débats du complot d'Avesnes viennent de se terminer. Grâce à l'omnipotence du jury et aux généreux et beaux efforts de leurs défenseurs, les accusés ont pu sortir sains et saufs des bords de l'abîme où leur imprudence semblait devoir les entraîner. Le public lira peut-être avec quelque intérêt les détails de ces débats et les causes qui ont pu amener l'acquittement des prévenus , signalés comme meneurs d'une conspiration heureusement tombée dès sa naissance dans le domaine du ridicule.

Nous livrons donc au public , dans cette vue et dans cette espérance, le manuscrit d'un jeune membre du barreau d'Avesnes, qui assistait aux débats. La loyauté et la franchise qui caractérisent l'ordre honorable dont il fait partie, ne peuvent laisser aucun doute sur la sincérité et l'impartialité du récit que nous mettons au jour.

COMPLOT D'AVESNES.

Un matin, 15 décembre 1836, les paisibles habitants d'Avesnes furent tout étonnés, en s'éveillant, d'apprendre qu'ils venaient d'échapper miraculeusement aux désastres et aux calamités d'une conspiration contre le gouvernement, tramée au sein de leur toute petite ville. Ils se crurent d'abord sous la puissance d'un cauchemar, ou sous l'influence d'une fâcheuse illusion : puis on se prit presque à rire, et pour convaincre les incrédules de la réalité d'un fait si inouï, il ne fallut rien moins que la nouvelle positive de l'arrestation de MM. Roquemaure et De Bieuvre, de cinq sous-officiers du 6ᵐᵉ régiment d'infanterie de ligne, en garnison à Avesnes, et de plusieurs habitants de la ville.

L'absurdité et l'extravagance d'un projet de révolution dans nos murs, ne le dépouillait pas tout-à-fait de son caractère criminel. Toutefois cette affaire semblait devoir être reléguée aux obscurs débats de la police correctionnelle où peut-être, par malheur pour les conjurés, les juges ne se fussent pas montrés si indulgents ni si favorables. Mais la cour royale en décida autrement pour leur plus grand bien, en cherchant celui de la chose-publique. L'affaire fut donc qualifiée crime tendant au renversement du gouvernement, attentat contre la sûreté de l'État, et digne d'occuper la solemnité des séances d'une cour d'assises.

La chambre du conseil du tribunal d'Avesnes avait, après une détention préventive de quarante jours, ordonné la mise en liberté des quelques bourgeois inoffensifs, écroués comme séditieux. Les sous-officiers du 6ᵐᵉ avaient aussi été renvoyés par la chambre de mises en accusation ; puis peu après cassés de leur grade pour imprudence et fautes contre la discipline militaire. De tous les conjurés il ne resta bientôt plus que De Bieuvre et Roquemaure qui paraissaient être les chefs du fameux complot et plus coupables que les autres.

Aussi par arrêt de la cour royale, du 24 février 1837, furent-ils admis à l'honneur de figurer aux assises du département du Nord, qui devaient s'ouvrir au mois d'avril.

Hâtons-nous d'entrer à Douai pour arriver à ce jour qui paraît si long à venir aux désirs des accusés, à ce jour si longtemps attendu par les Avesnois, curieux et avides de pouvoir pénétrer enfin le mystère d'un événement étrange dont ils ne saisissaient pas bien tous les fils cachés.

Lundi, 24 avril, dès neuf heures du matin, on voit circuler autour du Palais-de-Justice de Douai, et stationner devant l'entrée principale de la cour royale, un nombre considérable de personnes, attirées par l'intérêt que leur présentait l'affaire ou l'appât d'un spectacle. A neuf heures et demie les portes de la salle d'assises sont ouvertes, le public s'y précipite à flots pressés, et se place jusque dans les embrasures des hautes et larges fenêtres : les tribunes qui s'élèvent au-dessus de la grande porte de la salle, sont remplies de dames. Le Le prétoire en un instant est envahi par les membres du barreau en robes, et par une foule de jeunes avocats en costume de ville. On remarque près du banc des avocats un petit groupe élégant de dames privilégiées que la faveur a préservées du contact du peuple. Nous reconnaissons bon nombre d'Avesnois, disséminés sur tous les points de la salle ; leur présence s'explique facilement, ce sont les plus intéressés aux débats de ce jour.

Bientôt la cour entre et va prendre séance : M. Lefèbvre De Trois-Marquets occupe le fauteuil de président ; les fonctions du ministère public sont remplies par M. Hibon, premier avocat général, chargé de soutenir l'accusation. A l'ordre du président, un profond silence s'établit au milieu de la masse compacte des auditeurs, la salle prend alors un aspect solennel et imposant. L'audience va s'ouvrir ; les deux accusés sont introduits ; ils sont vêtus avec soin, leurs manières annoncent de l'éducation ; quoique associés et réunis par les liens du même complot, on voit qu'ils ne s'aiment point ; ils se tournent le dos, un sentiment d'aversion les fait tenir fort éloignés l'un de l'autre. Tous les regards se dirigent vers eux. On remarque la figure régulière de Roquemaure ; son visage est jaunâtre, pâle et amaigri , son front paraît soucieux. De Bieuvre a une figure moins distinguée , mais la franchise et la résolution y respirent, il a l'air calme ; tranquille et plus sûr que son co-accusé. A quelques pas en-dessous d'eux sont placés leurs avocats; Me Danel, chargé de la défense de De Bieuvre , se distingue par sa physionomie noble et grave; la vivacité caractérise Me Huré , défenseur de Roquemaure ; toujours en mouvement , le repos semble le gêner ; son œil perçant brille à travers le cristal de ses lunettes d'or ; ses lèvres minces semblent formées pour distiller le sarcasme et l'ironie. Me Huré est l'ancien procureur du roi de Saint-Omer , démissionnaire en 1832.

Avant l'ouverture des débats, M. l'avocat-général demande que deux suppléants soient adjoints au jury. La cour se retire ensuite dans la chambre du conseil, avec MM. les jurés , les défenseurs et les accusés , pour procéder à l'appel , au tirage au sort et à la récusation des jurés ; et rentre au bout d'un quart d'heure. Les douze jurés désignés par le sort vont se placer avec leur chef , M. de Courcelle, sur des sièges en face du banc des accusés.

L'interrogation commence :

M. le président se tournant vers les deux conspirateurs : — Premier accusé, comment vous appelezvous ? — R. Roquemaure, Victor-Paulin, âgé de trente ans, né à Roquebrune, principauté de Monaco, marchand de vin et cafetier, demeurant à Avesnes.

D. Deuxième accusé, quels sont vos noms ? — R. De Bieuvre, Charles-Victor-Emile, né à Verdun en Lorraine (Meuse), âgé de vingt-cinq ans, domicilié à Barbançon, en Belgique.

M. le président. — Quelle profession exercez-vous ?

De Bieuvre. — Aucune.

M. le président avertit les conseils des accusés qu'ils ne peuvent rien dire contre leur conscience, ou contre le respect dû aux lois, et qu'ils doivent s'exprimer avec modération. Il passe ensuite à la prestation du serment des jurés qu'il exhorte à n'écouter ni la haine, ni la crainte, ni l'affection, à se décider d'après les charges et les moyens de défense, suivant leur conscience et leur intime conviction, avec l'impartialité et la fermeté qui conviennent à des hommes probes et libres. Aussitôt après le serment, M. le président avertit les accusés d'être attentifs à ce qu'ils vont entendre ; et sur son ordre le greffier lit à haute voix l'arrêt de la cour royale portant renvoi à la cour d'assises et l'acte d'accusation.

Il en résulte que Roquemaure et De Bieuvre sont accusés : D'avoir, en décembre 1836, formé un complot ayant pour but soit de détruire, soit de changer la forme du gouvernement, soit d'exciter les citoyens à la guerre civile et à s'armer contre l'autorité royale, soit de porter la dévastation et le pillage dans la ville d'Avesnes, complot suivi d'actes commis ou commencés pour en préparer l'exécution. — De s'être rendus coupables, le 11 décembre, d'attentat à la sûreté de l'Etat, en provoquant des citoyens par des discours proférés dans des lieux ou réunions publics, aux crimes prévus par l'art. 87 du Code pénal, sans toutefois que ces provocations aient été suivies d'effet. — D'avoir fait l'apologie d'actions qualifiées crimes par la loi pénale, enfin, d'avoir fait publiquement acte d'adhésion à une autre forme de gouvernement, en proférant dans des lieux publics des opinions républicaines. — Roquemaure et De Bieuve ont donc à répondre devant la justice du pays, de leurs criminelles entreprises dirigées contre le roi, contre le gouvernement constitutionnel et contre les institutions qui nous sont garanties par la Charte de 1830.

La lecture de tous ces faits qui a duré près de trois quarts d'heure, est attentivement écoutée par le public. A l'audition de quelques passages de l'acte, l'étonnement se peint sur les figures où par fois aussi on voit errer un sourire de pitié ou d'hilarité aux dépens des conspirateurs. M. le président dans une rapide analyse en forme de résumé, rappelle brièvement aux accusés les principaux faits de l'acte d'accusation. M. l'avocat général expose le sujet de l'accusation, et présente ensuite la liste des témoins qui doivent être entendus.

Cette liste est lue à haute voix par le greffier. Il résulte de cet appel nominal que les témoins sont au nombre de vingt-huit, dont trois à décharge, cités à la requête de Roquemaure. M. le président ordonne aux témoins de sortir de la salle et de se retirer dans la chambre qui leur est destinée.

Le premier témoin est introduit ; c'est M. Dausse, sous-préfet de l'arrondissement d'Avesnes. Il dépose en ces termes :

Le 15 décembre vers midi, M. le colonel du 6e de ligne et M. le commandant de place vinrent chez moi me prévenir que le 11 il y avait eu chez le Sr Buisseret, traiteur à Avesnes, un repas où avaient assisté le Sr Roquemaure, plusieurs sous-officiers et un nommé De Bieuvre, étranger ; qu'à ce repas on avait formé contre le gouvernement un complot qui devait éclater le 15 ; qu'on y avait tenu les propos les plus coupables, qu'on avait même parlé de s'emparer des caisses publiques et de tuer le colonel. Je répondis à ces Messieurs, que je préviendrais le procureur du roi, et que je ferais arrêter De Bieuvre. Pour mieux m'instruire, je mandai chez moi les sieurs Buisseret et Dupont qui me donnèrent divers renseignements propres à confirmer la nouvelle qu'on m'avait apportée.

M. le président. — Quelle est votre opinion relativement à la moralité des accusés ? — R. De Bieuvre m'a été signalé comme un jeune homme exalté, et Roquemaure comme un républicain ardent qui manifestait hautement son opinion. Aussi me suis-je fait un devoir de le signaler à tous les chefs des régiments, comme un homme pouvant chercher à corrompre les sous-officiers, et je les avertis de se mettre en garde contre ses menées.

Roquemaure. — Je prierai M. le sous-préfet de citer un acte de ma vie qui puisse justifier la réputation qu'il vient de me faire ; sur quoi la base-t-il ?

M. Dausse. — Sur des rapports qui m'ont été faits.

Me Huré. — Y avait-il des relations entre M. le lieutenant du roi et Roquemaure ?

M. Dausse. — J'ai vu quelquefois M. le commandant avec Roquemaure.

Me Huré. — M. le commandant n'a-t-il pas déjeûné avec Roquemaure?

M. Dausse. — Oui, chez Lambret restaurateur.

Me Huré. — De quelle manière M. le colonel du 6me et le commandant de place ont-ils envisagé le dîner du 11 ?

M. Dausse. — Comme une circonstance grave.

Me Huré. — M. le sous-préfet se trompe; ce n'est point dans ce sens qu'il a fait sa première déposition où il a dit (il lit) : que le commandant avait regardé ce dîner comme une orgie.

M. Dausse. — M. le commandant a pu me parler ainsi d'abord, parce qu'il ne connaissait pas encore bien les faits.

M. le président. — Quelles sont les ressources pécuniaires de Roquemaure ?

M. Dausse. — On ne les connaît pas bien.

M. le président. — Roquemaure ne fait-il pas plus de dépenses que sa fortune et sa profession ne sembleraient lui permettre?

M. Dausse. — Oui; et on ne lui connaît pas de fortune.

Me Huré. — Roquemaure tient un café, il est marchand de vin , il a des ressources dans son industrie.

M. l'avocat général. — M. le sous-préfet connait-il la vie privée de Roquemaure ?

M. Dausse. — Je la connais peu; Roquemaure est un homme d'une conduite irrégulière, l'opinion publique ne lui est pas favorable à Avesnes, on dit qu'il mène une vie dissipée, qu'il rend sa femme malheureuse.

M. l'avocat génnéral veut alors parler d'un vol attribué au Sr Roquemaure et demande à ce sujet quelques renseignements : Roquemaure se serait emparé d'une somme appartenant à une femme de soldat logée chez lui, sous prétexte que cette femme s'était rendue coupable à son préjudice du vol de cette somme d'a gent.

Me *Huré* se lève brusquement et s'oppose avec énergie à ces explications qu'il prétend inconvenantes. Pourquoi, dit-il, ne pas respecter l'autorité de la justice; il y a eu une ordonnance de non lieu. Pourquoi parler ici de faits criminels , les confondre avec les délits politiques; pourquoi vouloir toujours diffamer les prévenus politiques? N'est ce donc pas assez de leur ôter la liberté ? laissez leur au moins l'honneur : Roquemaure demande qu'on le poursuive, il veut sortir pur de toutes ces épreuves.

M. l'avocat général cherche encore à établir le peu de moralité de la vie privée de Roquemaure.

Me Huré. — M. l'avocat général voudrait-il m'indiquer de qui émanent ces renseignements?

M. l'avocat général. — Je les tiens de M. le procureur du roi d'Avesnes.

Me Huré. — M. d'Hatecourt m'est connu et mérite notre estime à tous égards par son honorable caractère, mais le procureur du roi, c'est toujours l'accusation, c'est tout un.

M. l'avocat général. — MM. les jurés, je vous ferai remarquer une circonstance qui ne vous permettra pas d'adopter la prévention que le défenseur voudrait vous inspirer sur les renseignements qui m'ont été donnés. M. le procureur du roi d'Avesnes, quand je les lui demandai, eut la générosité de m'exposer loyalement ses doutes et la position délicate dans laquelle il se trouvait à l'égard du sieur Roquemaure qui avait écrit contre lui un article insultant, inséré dans le *Libéral du Nord*.

M. le président. — M. le sous-préfet sait-il quelque chose relativement à un testament ?

M. Dausse. — j'en ai oui parler un peu, j'ai entendu dire qu'une vielle femme avait fait un testament en faveur de sa servante et que Roquemaure devait avoir la moitié du legs.

Roquemaure. — Mes affaires sont appuyées sur des actes légaux et authentiques.

M. le président. — Il ne suffit pas toujours qu'un acte soit seulement légal.

Roquemaure. — Pourquoi s'attacher à des affaires civiles? Je ne croyais avoir à répondre ici que de faits ayant trait à la politique.

M. le président. — Il nous importe à nous, ainsi qu'au jury de connaitre votre moralité.

On procéde à l'interrogatoire de Roquemaure.

M. le président. — Roquemaure, à quelle époque avez-vous fait connaissance avec De Bieuvre ?

R. Environ dix mois avant mon arrestation.

D. Quelles étaient vos conversations avec De Bieuvre, touchaient-elles à la politique ? — *R.* Quelquefois.

— *D.* Quelle était la nature de vos entretiens avec De Bieuvre ? — *R.* Mes opinions sont démocratiques ; De Bieuvre semblait les partager : nous nous occupions de rêves politiques ensemble, d'avenir. Je rêvais quelquefois des changements heureux ; mais je n'ai jamais formé de projet qui eut pour but de les accomplir ; surtout jamais je n'ai pensé faire des émeutes, des changements à coups de fusil.

D. Est-ce vous qui avez commandé le repas du 11 décembre chez Buisseret ? — *R.* Oui, monsieur, mais il devait être payé par tous les convives.

D. Qui a présidé à ce repas ? — *R.* Moi.

D. Qui vous a choisi ? — *R.* Les convives.

D. Quels propos furent tenus à ce repas ? Y a-t-il été question de politique ? — *R.* Presque pas, si ce n'est vers la fin du dîner. De Bieuvre a parlé alors de *quelques folies*; il dit qu'il devait y avoir un mouvement à Paris le 15 décembre, qu'il fallait le faciliter en se soulevant à Avesnes ; qu'il n'y avait que sept régimens dans la division, qu'une révolte à Avesnes serait un moyen d'attirer les troupes dans le Nord et de dégarnir Paris ; qu'on s'emparerait des caisses de la ville et des caisses publiques dans lesquelles il y avait deux millons appartenant au trésor ; qu'en cas de non succès on se retirerait en Belgique dont le territoire n'était éloigné d'Avesnes que de trois ou quatre lieues, que là, on aurait chacun cinq mille francs de rente au moyen de l'argent pris dans les caisses ; et qu'il se chargeait de procurer à tous des passe-ports.

M. le président. — Qu'a dit De Bieuvre du colonel du 6ᵉ de ligne ? — *R.* Qu'il se chargeait de le tuer : dès ce moment je songeai à me séparer de De Bieuvre ; je lui dis qu'il ne serait pas nécessaire de tuer le colonel, qu'il suffirait de s'emparer de la ville, si on en avait besoin.

D. Vous aviez donc formé le projet de vous emparer d'Avesnes ? — *R.* Je n'ai jamais pensé à prendre la ville ; comment ? sans cartouches, sans hommes !.. J'ai

même dit à De Bieuvre qui le proposait : insensé, eh !
bien, quand tu prendrais la ville, qu'en ferais-tu ? De
Bieuvre a dit encore alors qu'un capitaine de la garnison, carbonaro comme lui, marcherait avec sa compagnie.

M. *le président.* — Comment se nomme cet officier ?
— *R.* De Bieuvre n'a jamais voulu le dire, quoique je
l'en eusse prié ; je le traitai alors de menteur, et sur
l'épithète de lâche dont il m'apostropha, j'allais lui jeter
une bouteille à la tête, si on ne m'eût arrêté le bras ;
nous sortimes, en convenant d'un duel pour le lendemain.

D. Est-il à votre connaissance que De Bieuvre ait fait
remarquer au caporal Périand, en allant au repas, qu'il
était porteur de pistolets ? — *R.* Périand m'a dit que De
Bieuvre lui avait fait tâter des armes : du reste De Bieuvre ne marchait jamais sans être armé.

M. *l'avocat général.* — Pourquoi donniez-vous le
dîner du 11 décembre ? — *R.* Je connaissais plusieurs
sous-officiers du régiment, j'avais formé avec un le
projet de nous donner un repas, j'ai pensé que le séjour De Bieuvre à Avesnes était une bonne occasion ;
notre but était de fêter un ami.

D. Pourquoi les sous-officiers devaient-ils payer ? —
R. Nous étions convenus ensemble du repas : d'ailleurs
quand on gagne un ami on peut bien payer un dîner.

D. Pourquoi avez-vous refusé d'admettre un des convives le sieur Corbet ? — *R.* Parce que notre salle était
trop petite ; ensuite comme on pouvait parler de politique, et qu'il est juste-milieu, j'ai cru qu'il ne con-
venait pas de l'accueillir.

D. Vous mettiez de l'importance à avoir De Bieuvre
à votre dîner du 11 ? — *R.* Oui ; puisque le repas était
donné pour le fêter.

D. Avez-vous chanté au dîner des chansons républicaines dans l'une desquelles le mot de *républicain* était
substitué à celui de *mécanicien* ? — *R.* On a chanté le
Bonnet phrygien, la Mécanique…. j'ai fait chorus.

D. Il y eut un déjeuner chez le restaurateur Lambret,
y avez-vous parlé de politique ? — *R.* Non.

D. Au commencement de décembre n'avez-vous pas

annoncé aux sous-officiers la venue prochaine de De Bieuvre en leur montrant un couteau de chasse que vous aviez rapporté de Barbançon ? — *R.* Je ne me le rappelle pas : un jour étant à table je montrai aux sous-officiers un riche couteau de chasse dont De Bieuvre m'avait fait présent ; j'en ai eu deux de lui, j'en perdis un ; je coupai même mon pain avec cette arme parce qu'il manquait de couteaux.

D. N'avez-vous pas été chercher De Bieuvre à Barbançon ? — *R.* J'ai été à Barbançon, mais non pas y chercher De Bieuvre : il se disposait alors à partir pour Avesnes ; il est revenu avec moi.

D. Quand De Bieuvre est arrivé à Avesnes, n'avez-vous pas dit aux sous-officiers : *l'avant garde est arrivée, l'arrière garde ne tardera pas à venir ?* — *R.* On m'impute ce propos ; je ne m'en souviens pas.

D. Le **9** décembre plusieurs sous-officiers ne se sont-ils pas rendus chez-vous ? — *R.* Oui ; ce soir il y eut chez-moi réunion de quelques sous-officiers ; on chanta, je crois, des chansons républicaines ; je ne m'en souviens pas bien

D. De Bieuvre ne vous fit-t-il pas observer alors que que le voisinage de la caserne offrait quelque danger, ou du moins peu de sûreté pour entonner des chants républicains. — *R.* Non.

D. Dans cette réunion n'a-t-on point parlé de Bianchi et de la conspiration des poudres ; n'avez-vous pas parlé d'un projet de révolutionner la Guadeloupe ? — *R.* Non : j'ai quelquefois parlé en faveur des nègres que j'ai vus si malheureux, mais jamais je n'ai pensé à aller exciter une insurrection dans la colonie ; jamais je ne me suis cru destiné à une aussi grande mission.

D. N'avez-vous pas dit en public qu'une république serait une forme de gouvernement profitable au peuple ; qu'elle ferait le bonheur de la France ? — *R.* Non.

D. N'avez-vous pas engagé Corbet ou d'autres à embrasser les idées républicaines ? — *R.* Non : j'ai des opinions démocratiques ; et les opinions se gagnent par les convictions et non par des sollicitations. D'ailleurs, jamais je n'aurais pensé à faire un prosélyte de Corbet qui est un homme du juste-milieu ; j'étais même d'avis de ne pas l'inviter au repas du 11.

D. Au commencement de décembre, étant au café Meurant avec des sous-officiers, n'avez-vous pas placé un bonnet rouge sur une bouteille, en disant : *Voilà le bonnet de la république*, puis porté avec ces militaires ce toast : *C'est à la vie et à la mort !* — *R.* Non ; je n'ai jamais tenu ces propos ridicules ; une telle fanfaronnade ne convient pas à mon caractère.

D. N'avez-vous pas quelques jours avant le 11, dit dans le même café à un membre du barreau d'Avesnes : *l'action d'Alibaud est grande et sublime, il a agi en homme de cœur en risquant sa vie pour rendre un grand service à la France ?*

R. Je repousse ces infâmes paroles ; j'ai seulement dit à M. Lebeau (*Isidore*) qu'Alibaud était un homme de cœur, qu'il était mort courageusement ; je le comparais à Fieschi. Je n'ai jamais fait l'apologie de l'assassinat. D'ailleurs M. Lebeau est extrêmement léger ; ce serait le dernier à qui j'aurais fait des confidences. Jamais je n'ai tenu ce propos qu'on vient d'annoncer.

D. N'avez-vous pas quelquefois parlé de propagande ? — *R.* Oui ; mais je n'entendais point qu'on se battît, qu'on versât du sang ; je voulais que tout s'opérât par la force du raisonnement seul.

D. N'avez-vous pas engagé De Bieuvre à travailler à un drame politique, dont vous lui aviez fourni le sujet et les matériaux ? — *R.* Un jour je lui racontais des événements dont j'ai été témoin en 1830, à la colonie de la Guadeloupe : De Bieuvre est poëte, il conçut alors l'idée de faire un drame ; il prit des notes et composa son ouvrage.

On passe à l'interrogatoire de De Bieuvre.

M. le président. — Quand avez-vous connu Roquemaure ? — *R.* Vers le mois de juin dernier.

D. Où avez-vous fait sa connaissance ? — *R.* A Maubeuge.

D. Fréquentiez-vous les sous-officiers en garnison dans cette ville ; lesquels ? — *R.* Oui, entre autres, MM. Tourasse et Dubuisson.

D. Roquemaure n'est-il pas allé vous chercher à Barbançon où vous demeurez ? — *R.* Oui ; il est venu avec Boudet qui avec fait le voyage pour acheter un fusil de chasse.

D. Vous avez donné à Roquemaure deux couteaux de chasse; dans quel but? — *R.* Je lui en donnai un ; le second, il le prit malgré moi dans ma carnassière; je le lui avais refusé : Roquemaure me disait que plusieurs personnes lui en voulaient, qu'il avait beaucoup d'ennemis, qu'il avait besoin de cette arme pour se défendre.

D. Quand vous êtes parti de Barbançon avec qui étiez-vous ? — *R.* avec Boudet et Roquemaure.

D. Chemin faisant, que vous dit Roquemaure; ne ne vous a-t-il pas alors parlé de ses projets? — *R.* Durant le trajet, Roquemaure m'a dit que les sous-officiers du 6ᵉ m'attendaient impatiemment, qu'il était leur organe en venant me chercher et qu'il était question d'un *branle-bas général.* Je ne savais trop ce qu'il voulait dire par là ; il n'entra pas dans de plus grands détails ; il était à cheval, moi à pied, le mauvais temps et la pluie ne me permirent pas de lui demander des explications.

D. Aviez-vous des armes dans la route ? — *R.* Oui, monsieur, j'étais muni de deux pistolets pour ma défense au besoin dans la traversée : notre pays est boisé, plein de ravins et de vallons, coupé de haies ; on peut rencontrer des malfaiteurs. Et puis, ayant déjà eu plusieurs fois des duels, j'ai pensé que je pouvais avoir besoin de mes armes.

D. Que s'est-il passé lors de votre arrivée à Avesnes ? — *R.* J'arrivai dans cette ville, le 8 décembre ; Roquemaure me procura un logement chez lui. Le lendemain il me mena dans son café, et me présenta au sous-officier Zambeaux, en lui disant : *Voilà l'ami dont je vous ai parlé si souvent.* Plusieurs autres sous-officiers se trouvaient aussi alors dans le café.

D. Que s'est-il passé de remarquable dans cette soirée? — *R.* On traita diverses questions politiques; on chanta plusieurs chansons républicaines entre autres *Nostradamus.*

D. N'avez-vous pas témoigné à Roquemaure votre étonnement sur ce qu'on osait proférer de tels chants dans le voisinage d'une caserne? — *R.* Oui, je lui fis alors quelques réflexions à ce sujet, mais il me répondit : *il n'y a rien à craindre, ces messieurs sont sûrs ; plus tard tu en verras d'autres.* Environ une heure après, il me prit à part et me dit : *tu vois comme ils sont bien ; ils nous sont tous dévoués ; demain nous aurons une réunion où nous nous concerterons et arrêterons les moyens pour agir de suite.* Il me fit alors confidence d'un repas qui devait avoir lieu le 10 ; mais il fut retardé parce que le caporal Périand était à la salle de police, on le remit au 11.

De Bieuvre bégaie un peu en donnant ces détails ; c'est un défaut naturel et non l'effet du trouble ou de la crainte : il n'a pas cet accent méridional, sonore et flexible qui distingue la voix de Roquemaure

D. Roquemaure ne vous a-t-il pas demandé si vous aviez des connaissances en géométrie. ? — *R.* Oui, monsieur.

D. Dans quel but vous faisait-il cette question ? — *R.* Sur ma réponse affirmative, il me chargea d'examiner les fortifications, pour savoir comment nous pourrions défendre la ville dans le cas où nous réussirions à nous en emparer, et connaître par quel endroit nous pourrions sortir et opérer une retraite en cas d'insuccès.

D. Roquemaure vous a-t-il parlé du projet d'établir une batterie à Saint-Hilaire ? — *R.* Oui ; et il me fit remarquer que du plateau de ce village on pourrait bien lancer des boulets sur la ville d'Avesnes.

D. A quelle époque Roquemaure vous a-t-il proposé d'agir ?

R. En allant le 10 décembre à Tivoli, café situé à une portée de fusil d'Avesnes. Nous suivîmes le rempart jusqu'à la porte de Mons : Roquemaure marchait en avant, tandis que je causais avec le sergent Zambeaux, en examinant les fortifications de la place ; je fis alors remarquer à ce sous-officier que plusieurs demi lunes avaient besoin de réparations. Après notre sortie par la porte de Mons, je rejoignis Roquemaure à qui je rendis compte du résultat de mon examen. Nous nous tînmes pendant quelque temps bras-dessus bras-dessous, causant à voix basse, et alors Roquemaure me dit :

« Voilà mon projet, nous nous emparerons de la ville d'Avesnes, au moyen de l'influence des sous-officiers sur les soldats, nous pouvons compter sur au moins deux cents hommes de la garnison : nous aurons certainement des auxiliaires à Maubeuge, à Landrecies et au Quesnoy parmi les troupes qui occupent ces places. Le soulèvement excité à Avesnes attirera dans le Nord les troupes de la capitale et des départemens voisins : Paris, dégarni de troupes, s'insurrectionnera alors et proclamera la République.

D. N'est-ce pas ce jour là que tout a été arrêté ? — *R*. Oui, monsieur.

D. Roquemaure vous parlait-il souvent du projet de renverser le gouvernement ? — *R*. Roquemaure est ambitieux ; il m'a dit plusieurs fois qu'il n'était pas destiné à tenir un café, qu'il n'était pas fait pour rester dans son humble position ; qu'il songeait aux moyens de parvenir, que les bois d'Avesnes seraient un jour le théâtre de ses exploits, qu'il ferait une guerre de partisan ; il faisait de beaux rêves, disant que nous irions, en cas de non-succès, insurrectionner la Guadeloupe, affranchir les noirs, qu'on enverrait des embassadeurs aux puissances... et autres rêveries. (Ces derniers mots provoquent des rires dans la salle).

M. l'avocat-général à Roquemaure.—Que dites vous sur ce qu'allègue De Bieuvre ? — *R*. Vous voyez-bien que tout cela est imaginaire ; je n'ai pas fait à De Bieuvre les confidences qu'il me prête.

M. le président à De Bieuvre. — Vous êtes l'auteur d'un drame intitulé *le Drapeau Tricolore ?* — *R*. Oui.

D. Qui vous a engagé à le faire ? — *R*. Roquemaure, qui m'en fournit le sujet.

D. Dans quel but ? — *R*. Je ne sais trop ; probablement pour se faire valoir, car c'est là son unique passion ; et dans ce drame il devait jouer le principal rôle.

D. A-t-il été question entre vous et Roquemaure, d'aller délivrer les détenus de Doullens ? — *R*. Oui, mais ce n'était qu'un projet en l'air.

M. l'avocat général. — Roquemaure ne vous a-t-il

pas dit que le meurtre du roi serait un acte généreux et utile?—*R.* Oui ; il m'a tenu ce propos devant M. Lebeau Isidore.

D. Il existe une pièce de vers relative au crime d'Alibaud, des vers bien coupables ; en êtes-vous l'auteur ? — *R.* Oui ; c'était une réponse à une pièce de vers de Mᵣ Poulet, instituteur à Maubeuge ; j'ai voulu dire qu'on devait respecter la mémoire d'un homme mort pour son opinion ; on a bien respecté la mémoire de Louvel en 1830.

Mᵉ Huré avec ironie. — Roquemaure a-t-il dicté les vers comme la prose ?

De Bieuvre. — Roquemaure n'est pas un homme capable de dicter des vers.

M. le président. — Que vouliez-vous faire des pistolets que vous aviez sur vous au repas du 11 ? — *R.* Je voulais m'en servir pour intimider les tièdes et les peureux.

D. Roquemaure pour vous monter l'imagination ne vous fit-il pas boire des liqueurs fortes avant et pendant le repas du 11 ? — *R.* Oui ; aussi échauffé comme je l'étais par ses soins, j'étais résolu à toutes les extrémités si les choses avaient été poussées plus loin : c'était du reste un moyen de me débarrasser de la vie dont j'étais las.

D. Avant le repas du 11 Roquemaure ne vous avait-il pas dicté votre règle de conduite ? — *R.* Oui, en nous rendant chez le traiteur Buisseret pour commander le dîner, Roquemaure me dit · « Je suis marié, j'ai un commerce, un établissement à Avesnes ; toi tu habites la Belgique, tu pourras t'y retirer facilement et sans inquiétude, ainsi donc tu assumeras sur toi toute la responsabilité. » J'y consentis. Il me traça alors le rôle que je devais jouer et ce que je devais dire au repas : il me prescrivit de me donner comme carbonaro, comme affilié aux républicains de France et envoyé par eux. Roquemaure me dit aussi alors: « Comme on peut trouver des traîtres, j'aurai l'air de ne pas trop t'appuyer d'abord ; je te ferai même quelques objections que tu détruiras facilement, mais aussitôt notre projet adopté, je me mettrai à la tête de tout, je prendrai la direction du mouvement.

D. Roquemaure ne vous a-t-il pas dit aussi: «Toi, tu te chargeras du colonel.» — *R*. Oui, monsieur.

D. Et vous avez répondu ? — *R*. Que je le tuerais. (*Profonde sensation dans l'auditoire à cette réponse si brève et si terriblement énergique du prévenu.*)

D. Les pistolets que vous aviez au repas du 11 n'é-taient-ils pas destinés à tuer le colonel ? — *R*. Ayant la tête montée en ce moment là, il est possible que je l'aurais fait, j'étais prêt du reste à faire le sacrifice d'une vie qui me pésait.

D. Roquemaure n'a-t-il pas proposé d'incendier le magasin à poudre ? — Il n'en a pas été question ; je ne sais pas même où est la poudrière.

D. Que vous a dit Roquemaure relativement aux caisses publiques ? — *R*. Que nous nous en empare-rions, qu'elles étaient pleines, parce que c'était la fin de l'année et l'époque des versemens.

D. Par quel moyen deviez-vous prendre les caisses ? — *R*. Ah! je ne sais pas : Roquemaure me dit encore à ce sujet, qu'en cas de non réussite du projet de sou-lèvement, nous nous embarquerions à Ostende avec l'argent des caisses, pour aller révolutionner la Guade-loupe où il était attendu depuis long-temps et sûr d'être reçu à bras ouverts; qu'on proclamerait l'indépendance des noirs, qu'on enverrait des ambassadeurs... Nous devions, au dire de Roquemaure, être tous colonels en arrivant. — (*Mouvement d'hilarité dans l'auditoire.*)

Me Huré.—Comment! dans le court espace de chez Boudet à la maison Buisseret, Roquemaure aurait eu le temps de faire toutes ces confidences, même sur les am-bassadeurs! — *R*. Oui; il m'a dit tout cela; il voulut de plus me donner la direction du repas.

M. le président.—Que s'est-il passé à ce repas du 11 ? — *R*. Au dîner, Roquemaure nous dit qu'il avait invité le Sr Corbet, mais qu'il ne voulait pas qu'il vînt parce-que c'était un juste milieu, *un pisse-froid* : Corbet se présenta, mais on lui refusa l'entrée. On se mit à table; vers le milieu du repas, on chanta des chansons répu-blicaines, la *Mécanique, Nostradamus*, le *Bonnet Phry-*

gien. Sur la fin du dîner, je me levai et prenant la parole, je parlai du projet; je dis qu'il fallait agir enfin, se montrer; que nous devions nous sacrifier pour le bonheur de la France; que notre sang était trop peu de chose pour l'épargner, qu'il fallait des martyrs pour faire des heureux : qu'il fallait faire un mouvement à Avesnes pour attirer les troupes dans le Nord et faciliter une conspiration qui devait éclater à Paris le 15 ; je dis qu'un capitaine carbonaro nous prêterait l'assistance de sa compagnie, que deux cents hommes marcheraient et s'empareraient de la ville d'Avesnes; que nous nous saisirions des caisses publiques, que je me chargeais de tuer le colonel. Conformément aux recommandations de Roquemaure, je m'annonçai comme membre de la section Danton et des Droits de l'homme ; enfin je dis aux convives que j'avais mission des républicains de Paris pour leur faire ces propositions.

M. le président interpellant De Bieuvre. — Vous aviez donc connaissance d'un complot qui devait éclater à Paris ? — *R.* Non monsieur; je ne savais rien, c'est Roquemaure qui me suggéra toutes ces idées. — Les sous-officiers ne parurent pas trop agréer mes propositions, surtout l'offre de tuer le colonel; ils énoncèrent divers moyens. Roquemaure voyant l'affaire mal tourner et ses espérances déçues, m'abandonna et me traita de menteur : je ripostai en lui disant qu'il était un lâche, et il allait me lancer une bouteille à la tête quand un des convives l'en empêcha.

D. Ainsi dans ces circonstances vous n'étiez que l'instrument et l'organe de Roquemaure ? — *R.* Oui, monsieur; Roquemaure a cherché à briller par mon influence ; c'est un homme incapable de faire une conspiration : il a voulu se faire un nom en profitant de mon caractère fougueux et emporté. Après l'odieuse conduite de Roquemaure au repas et l'altercation qui s'y éleva alors entre nous, je rompis entièrement avec lui.

D. N'a-t-on pas persisté dans la résolution ou l'intention de conspirer, même après le dîner du 11 ? — *R.* Je ne sais; mais si Roquemaure était venu me chercher le lendemain, faire des démarches près de moi, je n'aurais pas voulu le suivre, ni plus rien écouter de lui.

D. A la suite du dîner, vous avez eu un duel avec Roquemaure ; que s'y est-il passé ? — *R.* Oui ; nous allâmes le lendemain sur le terrain : Roquemaure, désigné par le sort pour tirer le premier coup de pistolet, s'y refusa et détourna son arme, en disant qu'il ne pouvait se décider à faire feu sur un ami. Les choses en restèrent là et nous nous séparâmes.

D. Vous étiez porteur de douze balles ; qu'en aviez-vous besoin de tant ? — *R.* Je voulais un duel à mort avec Roquemaure, et en finir avec la vie.

M. l'avocat-général. — Quand Roquemaure vint vous chercher à Barbançon, que vous dit-il pour vous faire venir à Avesnes ? — *R.* Que mon drame était fini et prêt ; je vins à Avesnes pour la représentation de mon drame.

D. Vous aviez des cartouches à balles ? — *R.* Oui, douze paquets ; je donnai ces cartouches à Roquemaure qui me les avait demandées pour en cas de mouvement.

M. l'avocat-général à Roquemaure. — Dans quel but veniez-vous à Barbançon ? — *R.* C'était pour acheter une selle.

De Bieuvre se levant et avec vivacité : On ne fait pas huit lieues à travers des chemins où l'on avait de l'eau jusqu'à la ceinture, pour venir chercher une selle ! Le but de Roquemaure c'était de venir me chercher pour exécuter le complot. Mon père est vieux, il a de l'expérience ; l'arrivée de Roquemaure par un pareil temps lui parut suspecte, et comme s'il eut deviné ses desseins, il voulut me retenir et s'opposer à mon voyage d'Avesnes.

M. le président. — Votre père aussi connaît la violence de votre caractère, il craignait sans doute les égarements auxquels pouvait vous entraîner l'exaltation de votre esprit.

L'audience est suspendue un quart d'heure : quelques personnes vont s'entretenir avec les deux prévenus pour leur offrir les encouragemens et les consolations de l'amitié. A la reprise de l'audience, l'interrogatoire des accusés étant terminé, on continue de recevoir les dépositions des témoins.

2me Témoin ; M. Maillard, débitant de poudre à Avesnes. — Le 12 décembre, le lendemain du dîner, De Bieuvre vint chez moi, entre sept à huit heures du matin , pour m'acheter des balles. Je lui demandai de quel calibre il les voulait : il me montra alors cinq ou six balles qui me parurent du n° 26 ; il en prit six autres pareilles ; je lui vendis de plus deux onces de poudre. Dans la journée j'appris que c'était pour un duel avec Roquemaure.

D. Quelle est votre opinion sur la moralité de Roquemaure ? — *R.* Je ne la connais pas.

3e *Témoin* ; M. Boullé, colonel du 6e de ligne. Il ôte son épée pour faire sa déposition, on remarque qu'il garde son shako sur la tête. — Je n'ai appris les événements que par ouï-dire. Le 12 ou le 13 décembre, je fus instruit par mon beau-frère, capitaine au 6e, que le sergent Zambeaux se conduisait fort mal, et qu'il était question de certaines menées de ce sous-officier : on me demanda le soir si le commandant de place m'en avait parlé. Je fis prévenir le capitaine des voltigeurs qui se rendit chez moi, le 14 au matin, et sur le récit qu'il me fit d'un duel entre les sous-officiers Zambeaux et Celeyron, je fis mettre immédiatement Zambeaux à la salle de police. M. le commandant de place vint me voir ; il me dit qu'il courait des bruits étranges, et me parla d'un repas où avaient assisté plusieurs sous-officiers du régiment auxquels on aurait fait alors des propositions révolutionnaires. Nous convînmes d'en dresser un rapport au lieutenant-général. Le lendemain je me rendis chez M. le commandant, qui m'annonça que les faits étaient positifs, qu'un duel avait eu lieu entre De Bieuvre et Roquemaure, et qu'il fallait faire son rapport au maréchal-de-camp. Je lui dis qu'il était convenable de prévenir M. le sous-préfet d'Avesnes ; nous nous rendîmes alors chez ce fonctionnaire qui donna immédiatement l'ordre d'arrêter De Bieuvre comme étranger sans passe-port, et fit instruire M. le procureur du roi. Le matin du 15, l'adjudant Chapois me dit que Roquemaure voudrait bien me parler et qu'il était venu sans me trouver. Je fus content de cette disposition de Roquemaure, espérant m'aider de ses rapports pour établir le fait. Je le fis donc prévenir que je consentais à avoir un entretien avec lui. Roquemaure vint chez moi, et dans une conversation détaillée me raconta tous les faits, et me fit connaître tous les sous-officiers du corps invités au repas ; il me dit que tous ces militaires, excepté Zambeaux qui était ivre, *avaient été admirables* dans leur conduite, qu'ils avaient repoussé avec indignation les projets imprudents et coupables de De Bieuvre, qui s'était donné comme un agent en correspondance avec les sociétés secrètes de Paris. Roquemaure m'expliqua aussi les motifs de sa querelle et de son duel avec De Bieuvre. Après cet entretien, je me rendis à la caserne où je représentai aux sous-officiers combien ils s'étaient fourvoyés et combien il était dangereux de se lier avec des personnes qu'on ne connaissait pas.

M. le président. — Connaissez-vous d'autres faits ; ne s'est-il rien passé postérieurement au repas ? — *R.* M. le commandant de place m'a dit qu'une personne passant sur le rempart, le 13 ou le 14 décembre, avait entendu quelques soldats parler d'un projet de s'emparer de la poudrière et de ma personne : c'était une conversation sur une chose future, il s'agissait d'un projet.

M. le président. — Ce qui pourrait établir qu'après le dîner du 11, il y aurait eu continuation du projet.

Me Huré interpellant le témoin. — Sous quel point de vue M. le colonel a-t-il envisagé le repas du 11 ? — *R.* Les faits ne m'avaient pas d'abord paru graves, quoiqu'on pût blâmer les sous-officiers d'avoir assisté à ce repas ; mais quand je fus mieux instruit, je trouvai cette conspiration aussi insensée que coupable. J'ai bien encore entendu dire que De Bieuvre, dans ce repas, avait parlé de m'assassiner ; je trouvai son projet fort *bizarre.*

Cette expression généreuse du colonel fait sensation dans l'auditoire.

M. l'avocat-général. — Roquemaure vous a-t-il parlé comme un homme qui voulait se faire passer pour dévoué au gouvernement ? — *R.* Je crois que Roquemaure voulait se faire valoir en montrant qu'il avait repoussé les propositions de De Bieuvre : du reste, il n'a pas été question de politique dans notre conversation.

D. Les sous-officiers n'ont-ils pas été l'objet de certaines mesures? — *R.* Oui, monsieur; une décision du ministre de la guerre prescrivit l'interdiction du café Roquemaure aux sous-officiers du régiment. D'un autre côté, ceux des sous-officiers qui avaient figuré au repas du 11, avaient d'abord été arrêtés comme complices, mais les indices de culpabilité qui s'élevaient contre eux étant vagues et insuffisants, ils furent bientôt relâchés. A leur sortie de prison, je leur fis des remontrances paternelles pour les engager à ne plus compromettre désormais le régiment; peu après on m'annonça que ces sous-officiers étaient allés adresser leurs adieux et faire un pas de conduite à Roquemaure lors de son départ pour Douai. Cette manifestation de sympathie pour Roquemaure, pour un homme prévenu de complot contre le gouvernement me déplut beaucoup. Sur le rapport fait à M. le lieutenant-général Corbineau, ces militaires furent cassés de leur grade et rentrèrent dans le rang de simples fusiliers.

4ᵐᵉ *Témoin;* Mᵐᵉ Nicolas, maîtresse de pension à Avesnes.—Le 14 décembre, vers deux heures et demie, je descendais le rempart, venant de chez M. Culhat, lorsqu'à l'angle d'un mur j'entendis plusieurs soldats qui parlaient du magasin à poudre. L'un d'eux répondit qu'il serait facile de s'emparer d'une des clefs de la poudrière qui se trouvait chez le commandant de place, parce que sa maison n'était point gardée la nuit par une sentinelle. J'entendis aussi parler du colonel du 6ᵐᵉ, mais en termes vagues; on disait : « *Quant au colonel, nous verrons.* » Il fut aussi question de lettres, mais je ne sus de qui elles étaient, ni à qui elles étaient adressées, s'il s'agissait de lettres reçues ou à recevoir.

M. le président.—Avez-vous pu reconnaître le grade de ces militaires? — *R.* Non, Monsieur; ils étaient en capote.

D. Avaient-ils l'air de s'entretenir en secret?—*R.* Ils parlaient d'une voix mystérieuse et concentrée. Je conçus quelques inquiétudes, et rentrée chez moi, j'allai raconter ce fait à M. Chas, commandant de place.

5ᵐᵉ *Témoin;* Hyacinthe Barbary, épouse du sieur Meurant, cafetier à Avesnes. — Au commencement de décembre, huit jours environ avant le repas du 11 , M. Roquemaure vint dans notre café avec plusieurs sous-officiers, et me demanda une chambre particulière pour y manger et boire, avec défense d'y laisser entrer personne. Pendant que j'y étais, on chanta plusieurs chansons républicaines dont l'une avait pour refrain *la Mécanique ;* je compris que ce mot voulait dire *la République.* — A la suite de ces chansons, je vis M. Roquemaure mettre son bonnet-rouge sur une bouteille, en disant : *Voici le bonnet de la République* ou *vive la République !* Là-dessus un toast fut porté ; on s'écria : *C'est à la vie et à la mort !* — *Nous irons chercher De Bieuvre,* dit alors Roquemaure aux sous-officiers ; *tout ira bien.* On porta en même-temps de nouveaux toasts : *à l'Amitié ! à nos Frères !* Peu après ces Messieurs sortant du cabinet particulier, entrèrent dans la salle du café, et comme ils continuaient à chanter, M. Caron, maréchal-des-logis de la gendarmerie, qui se trouvait là présent, à côté d'eux, blessé de l'inconvenance de ces chansons, adressa des remontrances à M. Roquemaure qui lui en fit des excuses, et l'on cessa de chanter. Roquemaure me dit qu'on réglerait la dépense, mais le compte n'a pas été payé encore.

Roquemaure. — Je nie avoir mis mon bonnet rouge sur une bouteille ; je soutiens que c'est un autre qui l'y a placé ; la fausseté de ce fait sera démontrée par les autres témoins.

Mme Meurant réitère alors sa déposition et persiste à dire qu'elle a bien vu et entendu tout ce qu'elle vient de rapporter de Roquemaure.

Me Danel — Le jour même du 11, De Bieuvre n'a-t-il pas été invité à dîner par Meurant ? — *R.* Oui ; ce jour M. De Bieuvre vint dîner chez nous, sur l'invitation de mon mari : Je me rends à votre dîner, nous dit-il, mais c'est contre le gré de Roquemaure qui m'a paru n'en avoir pas l'air content. En sortant de chez-nous il était un peu gai.

M. l'avocat-général. — Que s'est-il passé chez vous après le repas du 11 ? — *R.* Le 12, à la suite d'un duel, on vint boire dans notre café ; De Bieuvre s'y rencontra avec Roquemaure , auquel je l'entendis alors dire : « Si je ne te méprisais pas autant, je me battrais au pistolet avec toi, dans la chambre voisine. » Le sergent Zambeaux se joignit en même-temps à De Bieuvre, et Roquemaure fut obligé de sortir du café.

6ᵐᵉ *Témoin ; Dineux , huissier à Avesnes.* — Vers la fin de novembre , j'étais au café Meurant , j'y ai entendu Roquemaure faire l'apologie d'Alibaud en ces termes : « *L'action d'Alibaud est grande et sublime, il a risqué sa vie pour rendre un grand service à la France.* » J'ai entendu différentes fois Roquemaure dire qu'une république était nécessaire en France ; que cette forme de gouvernement y serait profitable et conviendrait bien au peuple français. Un autre fois Roquemaure venant de sortir d'un cabinet où il s'était enfermé avec plusieurs sous-officiers , je l'entendis chanter avec eux dans le café *la Mécanique,* faisant allusion à la république.

Mᵉ Huré. — Le témoin ne s'est-il pas proposé pour faire imprimer des vers de De Bieuvre? — *R.* J'ai lu des vers sur Alibaud, faits par De Bieuvre, en réponse à une épitre adressée au roi, par un sieur Poulet. De Bieuvre m'ayant montré sa pièce de vers, je dis que je voulais bien la proposer à M. Viroux , imprimeur ; mais que je doutais qu'il consentît à la publier.

De Bieuvre se levant.—Roquemaure a dit alors que M. Viroux était trop faible, trop imbécille (1) pour oser imprimer ces vers là.

D. Est-il à votre connaissance que M. Isidore Lebeau soit ami avec De Bieuvre? — *R.* Je sais qu'il y a eu des relations entre eux.

D. Que savez-vous de la vie privée de Roquemaure, et de De Bieuvre ?—*R.* Je connais fort peu De Bieuvre ; quant à Roquemaure, sa conduite est celle d'un homme qui n'est attaché à rien ; sa vie n'est pas scandaleuse :

---

(1) On reconnait bien là ces prétendus sincères amis et partisans de la liberté , qui vous poursuivent l'injure à la bouche si vous n'adoptez pas leurs opinions ; et quelles opinions encore !... Nous aimons la liberté selon la raison et la constitution ; mais non pas une liberté appuyée sur des principes de désordre et d'anarchie.　　(*L'Éditeur.*)

à l'estaminet où il allait souvent, il parlait fréquemment d'opinions politiques.

Me Huré. — Qu'est-ce que M. Dineux? Le savez-vous, c'est un ennemi de Roquemaure avec lequel il a eu des différens assez graves.

Dineux. — J'eus un jour une altercation avec Roquemaure; il fut alors question d'un duel entre nous, mais les choses en restèrent là.

7me Témoin; M. Isidore Lebeau, avocat à Avesnes. — Dans le courant de décembre, Roquemaure me dit au café Meurant: *« hier nous avons conspiré toute la soirée, nous avons eu une réunion préparatoire. »* — Comment! et vous osez chanter cela en plein café! lui répondis-je. Je crus que c'était une plaisanterie. Peu après il me vanta Alibaud; je lui repartis que c'était un assassin : *vous avez beau dire,* ajouta-t-il, *je vous parle d'après mon cœur, l'action d'Alibaud est sublime, il a agi en homme de cœur en risquant sa vie pour rendre un grand service à la France.*

M. le président. — Existe-t-il des relations entre vous et De Bieuvre? — *R* Je n'en avais pas avec lui avant l'affaire du 11, je n'en eus qu'après : De Bieuvre vint alors me trouver et je lui conseillai de fuir en Belgique.

D. Quelle est votre opinion sur la moralité de Roquemaure? *R.* Je n'en ai pas une très-bonne opinion : Roquemaure est un homme vain, qui a des dehors séduisants et un amour propre excessif; il n'est pas estimé à Avesnes. Sa conduite à l'égard de sa femme lui a depuis long temps attiré l'animadversion de la ville.

Me Huré avec un geste d'impatience. — Le ménage! le pot au feu! tout cela n'est pas la conspiration : eh! messieurs, Roquemaure a le bonheur ou le malheur d'avoir une jolie femme, et il est jaloux; il faut peut-être le plaindre.

M. l'avocat-général. — Avez-vous entendu Roquemaure dire que le meurtre du roi serait une chose utile au bonheur de la France? — *R.* Je ne m'en souviens pas.

D. N'avez-vous pas entendu parler d'un testament où serait intéressé Roquemaure? — *R.* Oui, monsieur.

D. Que disait-on à ce sujet ? — *R*. Les opinions sont diverses : les uns disent du mal de cet acte ; les autres en parlent comme d'un chose avantageuse pour Roquemaure : c'est une affaire du reste qui n'est pas mise encore au rôle.

M *Huré*. — La conspiration ! messieurs ; laissons de côté des affaires civiles qui ne sont même pas entamées.

8ᵉ *Témoin*; Poulet, instituteur à Maubeuge. — Je ne sais rien, je n'ai rien à déposer.

M. le président. — Etes-vous l'auteur de vers adressés au roi sur l'attentat d'Alibaud ? — *R* Oui monsieur ; à cette occasion je reçus une pièce de vers qui a été remise à M. le juge d'instruction d'Avesnes ; elle était signée *De Bieuvre* : c'était une critique de la mienne.

9ᵉ *Témoin*; Dubuisson, sergent-major au 6ᵉ de ligne. — Mes relations avec De Bieuvre et Roquemaure datent du mois d'octobre à peu près. J'ai dîné une fois chez Hennecart à Maubeuge avec De Bieuvre qui nous montra une pièce de vers pour l'apologie d'Alibaud : à ce repas se trouvaient un adjudant et un commis-voyageur. J'appris dans une autre maison que De Bieuvre avait été acteur au combat du cloître Saint-Méry, mais ce n'est pas lui-même qui me le dit. Regardant De Bieuvre comme républicain, je m'abstins de le fréquenter : bientôt je ne le revis plus, il était parti pour Avesnes.

10ᵉ *Témoin* ; Tourasse, adjudant sous-officier au 6ᵉ. — J'ai connu Roquemaure dans un régiment de la garde où il servait avec moi : il me fit faire connaissance avec De Bieuvre qui fréquentait les sous-officiers. Sur la fin de novembre, De Bieuvre, dans un dîner que je fis avec lui à Maubeuge chez Hennecart, nous lut une pièce de vers sur Alibaud ; on n'y fit pas grande attention. Dans une autre circonstance, De Bieuvre nous déclara qu'il était républicain ; nous nous moquâmes de lui ; il nous dit alors que nous étions tous des *épiciers*, et nous lui répondîmes que nous consentions bien volontiers à l'être si ce titre était appuyé de dix mille livres de rente.

11ᵉ *Témoin*; Berthier, employé des contributions indirectes à Maubeuge. — Une jour j'entendis De Bieuvre dire qu'il était républicain; qu'il partageait l'opinion de ceux qui attaquèrent le gouvernement en 1832. A la suite d'une discussion politique j'eus un duel au pistolet avec De Bieuvre qui tira sur moi; mais je ne fis pas feu, tout en resta là.

12e *Témoin*; Delsaux, propriétaire à Maubeuge. — Je fus témoin d'une discussion politique entre De Bieuvre et Berthier; on y parlait de république et de Bonapartisme; un duel eut lieu à la suite de ces propos.

13e *Témoin*; Floriska Lemoine épouse du sieur Buisseret, restaurateur à Avesnes. — Roquemaure accompagné de De Bieuvre vint me commander un dîner de huit personnes pour le dimanche 11 décembre. Je lui dis que mes chambres étant occupées par mes pensionnaires et par les officiers qui mangent habituellement chez moi, je ne pouvais servir ce dîner qu'à sept heures du soir : Roquemaure me dit que ça l'arrangeait. Peu après le commencement du dîner, le sieur Corbet se présenta; Roquemaure m'ayant recommandé de ne laisser entrer personne, je remplis sa commission; et sur mon rapport, il me dit que j'avais bien fait de ne pas laisser entrer Corbet. Mon mari rentra vers neuf heures et demie; il me dit qu'il y avait une querelle en haut : je montai, et je vis Roquemaure une bouteille en main prêt à la lancer contre De Bieuvre. Mon mari pria ces messieurs de finir leurs discussions, leur représentant qu'on ne devait point se battre chez lui et ils descendirent. J'entendis un des convives en traiter un autre de menteur : je n'ai rien vu ni rien entendu d'autre.

M. le président. — Qui a payé le repas? — *R.* C'est Roquemaure.

14e *Témoin*; Meurant, cafetier à Avesnes. — Au commencement de décembre, Roquemaure vint dans mon café avec plusieurs sous-officiers : on chanta la *Mécanique* et autres chansons républicaines dont Roquemaure répétait le refrain. Le maréchal des logis de la gendarmerie, M. Caron qui se trouvait là, en fit des observations à Roquemaure qui s'excusa alors.

M. le président. — Qu'avez-vous entendu par ce mot *Mécanique*? — *R.* J'ai compris que cela signifiait république. Je priai De Bieuvre à un dîner chez moi pour le dimanche 11 décembre : il me dit qu'il était invité à un repas chez Buisseret pour le même jour, mais qu'il n'en acceptait pas moins mon offre. Il m'avoua depuis que Roquemaure lui avait fait la mine en apprenant mon invitation.

D. Connaissez-vous quelque chose sur la vie privée de De Bieuvre ou de Roquemaure ? — *R.* Fort peu de choses : une fille Fouquet a dit, on ne sait duquel des deux prévenus, qu'il n'aurait bientôt plus besoin de travailler.

15ᵉ *Témoin* ; Corbet, écrivain à Avesnes. — Roquemaure m'invita à venir chez Buisseret le 11, après le dîner ; quand je me présentai, la femme Buisseret me dit que Roquemaure n'était pas là. Comme je lui disais que je croyais reconnaître sa voix, elle me répondit que c'étaient des sous-officiers de Maubeuge et du Quesnoy ; je me retirai alors.

D. Roquemaure vous a-t-il quelquefois parlé de ses opinions politiques ? —*R.* Jamais.

M. le président.—Jamais, dites-vous ? Refléchissez bien.

Corbet. Roquemaure m'a parlé en 1834 d'acheter un bonnet rouge ; il ne me dit pas que c'était pour agir de telle ou telle manière. Il m'a dit encore de penser comme lui, qu'après cela on ne me laisserait manquer de rien.

M. le président. — Il faut donc vous arracher les paroles ; il nous semble que c'est bien là chercher à vous attirer, à vous convertir à ses opinions : pourquoi n'avouiez-vous pas de suite que Roquemaure vous avait entretenu de ses opinions politiques?

Mᵉ Huré. — Que peut-on induire de là ; en 1834 on pouvait se déclarer républicain ; cette opinion n'était pas alors interdite.

Les témoins qui vont être entendus avaient d'abord été arrêtés comme complices; mais les indices de culpabilité qui s'élevaient contre eux n'ayant pas paru suffisans pour déterminer leur mise en prévention, ils furent successivement placés hors de cause et rendus à la liberté.

16ᵉ *Témoin* ; Dupont, bottier à Avesnes. — Je fus invité à un souper le 11 décembre par Roquemaure accompagné de De Bieuvre : voyant que j'hésitais, il insista en me disant que c'était une réunion de sous-officiers qui chantaient fort bien ; De Bieuvre ne me fit aucune invitation. J'allai au repas ; je crus en entrant m'apercevoir qu'on me faisait mauvaise mine. On se mit à parler politique ; je ne fis attention aux propos des convives que quand j'entendis qu'il était question de se livrer aux plus graves excès. De Bieuvre se déclara affilié à la secte des carbonari et aux sociétés secrètes de Paris ; il engagea les sous-officiers à faire un mouvement à Avesnes pour faciliter un complot qui devait éclater le 15 à Paris ; il leur développa alors ses plans de conspiration, leur proposant le meurtre du colonel, le pillage des caisses publiques et la fuite en Belgique en cas de non succès : Roquemaure parla de se retirer à la Guadeloupe où l'on serait reçu à bras ouverts. De Bieuvre dit qu'il fallait des martyrs ; on répondit qu'il y en avait déjà trop : un des sous-officiers s'écria qu'ils n'avaient pas besoin de lieu de retraite ; que s'ils prenaient les armes pour défendre une cause, ils ne les quitteraient pas sans vaincre ou mourir ; mais qu'ils n'étaient ni des assassins ni des voleurs. Roquemaure ayant demandé à De Bieuvre de prouver les faits qu'il avançait, d'en établir la réalité, comme celui-ci ne voulait donner aucun éclaircissement, il le traita de menteur, à quoi De Bieuvre répondit par le mot de lâche : de là une dispute et le lendemain un duel ;

Un sous-officier m'avoua le soir qu'on avait hésité à me recevoir au repas, parce qu'on me regardait comme suspect et que j'avais fait à quelques-uns l'effet d'un mouchard.

D. Saviez-vous que le repas aurait un caractère politique ? — *R*. Non, monsieur.

D. N'avez-vous pas donné un jour un déjeuner à Roquemaure ? — *R*. Oui ; M. le commandant de place s'y trouva, ainsi qu'un jeune homme de Trélon.

D. Roquemaure vous entretenait-il quelquefois de politique ? — *R*. Oui ; dans diverses conversations antérieures, Roquemaure me dit que *nous serions plus heureux sous un règne de liberté.*

17*me* *Témoin ; Boudet, cafetier à Avesnes.* — J'assistai au repas du 11, chez Buisseret ; il fut présidé par
Roquemaure.....

D. Que fit-on dans ce repas ? — *R.* Le témoin avec
une indicible expression de bonhomie. — Oh ! pas grand'-
chose... on but, on mangea. (Hilarité générale dans
l'auditoire.)

M. le président souriant lui-même. — Rien que
cela ? — *R.* Après que j'eus chanté *la Bretonne* et qu'on
eut exécuté plusieurs autres chansons, on discuta politique ; De Bieuvre parla d'un complot pour le 15, à
Paris ; mais je n'entendis pas grand chose, j'étais un peu
en train : Roquemaure traita De Bieuvre de menteur.

D. N'êtes-vous pas allé à Barbançon ? — *R.* Oui ; je
fis ce voyage avec Roquemaure, pour chercher un fusil de chasse que De Bieuvre avait promis de m'acheter.
En revenant avec Roquemaure et De Bieuvre, comme
il pleuvait, que le chemin était fort mauvais et que
j'avais un peu bu, je restai un peu en arrière près du
village de Cousolre.

D. Combien de temps ? — *R.* Ah ! je ne m'en souviens
pas.

Roquemaure. — Boudet resta éloigné de nous pendant cinq minutes environ.

De Bieuvre. — Bien un quart d'heure : (avec mépris)
et je puis être cru aussi bien qu'un Roquemaure.

*M*c *Huré* (froidement avec ironie). — Et l'on peut
aussi bien croire Roquemaure qu'un De Bieuvre.

M. le président. — Pourquoi Roquemaure allait-il à
Barbançon ?

Boudet. — Roquemaure m'a dit que c'était pour en
rapporter une selle.

18*me* *Témoin ;* Hubert Zambeaux, sous-lieutenant
au 6*me* en garnison à Avesnes. J'assistai au repas du 11,
j'y allai pour contenir mon frère qu'on disait ivre.
J'entendis tenir des propos politiques et parler d'un
projet ; un des convives dit : « Attendons que le caporal Périand soit hors de la salle de police, parce qu'en
sa qualité de secrétaire du commandant de place, il
pourra s'emparer de son cachet pour sceller des actes
et nous faciliter l'entrée et la sortie de la ville. » Je

compris de tout cela que le but de Roquemaure et de De Bieuvre, était de renverser le gouvernement. Une querelle s'éleva entre ces deux messieurs vers la fin du dîner : il s'agissait de carbonarisme et de francmaçonnerie, chacun voulait *savoir le fin mot*; je retins Roquemaure qui avait saisi une bouteille pour la lancer à De Bieuvre; on se proposa un duel pour le lendemain. Du reste, je n'ai pas fait grande attention à tout cela, je m'occupais de mon frère qui était ivre et que je voulais emmener.

D. N'avez-vous pas reçu De Bieuvre dans votre chambre; n'y a-t-il pas couché? — *R.* Oui, je l'ai logé pendant les quatre jours qui ont précédé son arrestation.

D. Vous a-t-il parlé de république ? — *R.* Jamais.

D. Comment se trouvaient les convives au repas ?— *R* Ils me firent l'effet d'être un peu gais.

19ᵐᵉ *Témoin*; Dominique Zambeaux, soldat au 6ʳ, ex-sergent-major. — Roquemaure me présenta De Bieuvre comme un ami; il lui dit de moi : « C'est un homme sûr, on peut compter sur lui. » Nous allâmes à Tivoli, deux jours, je crois, avant le dîner; c'était le 9 ou le 10 : nous passâmes sur les remparts; en chemin De Bieuvre me fit observer les fortifications et une demi-lune qui avait besoin d'être réparée. Roquemaure nous dit que nous irions en Amérique délivrer les noirs; je répondis alors qu'on ne devait pas quitter son pays. Je fus invité au repas du 11, par Roquemaure, mais la veille De Bieuvre m'avait dit que j'irais souper chez Buisseret. Quant à ce qui s'est passé au repas, je ne le sais, je ne m'en rappelle rien.

M. le président.— Vous êtes qualifié sergent-major, d'où vient que vous ne portez pas les marques, les insignes de sous-officier? — *R.* J'ai été cassé.

M. le colonel du 6ᵐᵉ se lève et dit : Qu'à raison de la coopération plus active du sergent Zambeaux avec les conspirateurs, il avait reçu l'ordre de le casser immédiatement de son grade.

D. Que se passa-t-il le lendemain du dîner?— *R* J'eus un duel à l'épée avec le fourrier Celeyron, j'en reçus une légère blessure au côté.

D. Dites-nous ce que vous savez sur vos relations avec Roquemaure? — *R.* Nous allions souvent chez lui, nous chantions quelquefois du Béranger. En diverses conversations, j'ai entendu Roquemaure dire que la propagande était le moyen d'assurer le bonheur du genre humain. Au commencement de décembre, dans un souper donné au café Meurant et dont je faisais partie, Roquemaure prit son bonnet rouge et le mit sur une bouteille; je ne me rappelle pas ce qu'il a pu dire en ce moment. On chantait alors *la Mécanique* et une autre chanson où il était dit : « *Faites l'aumône au dernier de nos rois;* » on s'écria ensuite en buvant : *A la santé de nos frères! à la santé des républicains et des patriotes!* Je crois que c'est Roquemaure qui nous invita à chanter des chansons républicaines. — D'abord arrêté comme complice pour le repas du 11, je fus relâché au bout de quelque temps. Avant ma sortie de la prison d'Avesnes, Roquemaure vint me trouver, et me dit : comme je ne vous ai jamais parlé de complot, vous allez me signer un papier pour l'attester ; il chercha aussi alors à me faire dire qu'il n'avait pas mis son bonnet rouge sur une bouteille. Je lui répondis que je ne pouvais faire cela sans me compromettre. Roquemaure haïssait De Bieuvre ; je serais honteux de vous rapporter toutes les absurdités débitées par lui sur De Bieuvre qui était très bon et très charitable envers les prisonniers d'Avesnes.

20° *Témoin*; Périand, soldat au 6°, caporal destitué. Je connais Roquemaure depuis que nous sommes à Avesnes ; il m'a présenté De Bieuvre comme un de ses amis. Il me dit que pour célébrer l'arrivée de cet ami, on donnerait un repas; comme j'étais à la salle de police, on retarda de quelques jours ce dîner qui fut fixé au 11. On me dit qu'il serait bon que j'y fusse, parce qu'on parlerait politique et qu'il serait utile d'arrêter certain projet. En allant au dîner avec De Bieuvre, celui-ci me dit que la ville était mal gardée, qu'on pourrait s'en emparer facilement ainsi que du colonel. Il me fit encore alors tâter deux pistolets dans sa poche, en me disant qu'il allait ainsi armé au repas pour brûler la cervelle à ceux qui tergiverseraient. Je lui répondis que je m'opposais pour ma part à ses propositions. Sur la fin du repas De Bieuvre déclara qu'il était chargé par les républicains de Paris de faire éclater un mouvement dans le département du Nord, et qu'un capitaine carbonaro, de la garnison d'Avesnes, devait marcher avec sa compagnie. Roquemaure le défia de nommer ce capitaine : De Bieuvre s'y refusa et pour éluder la question il lui dit : divulgue moi les secrets de la francmaçonnerie, je te dirai les miens. Roquemaure lui dit alors qu'il mentait. C'est Roquemaure qui s'est levé le premier pour contredire De Bieuvre et faire de l'opposition à ses projets. Au repas j'eus une discussion avec le sergent Zambeaux, je voulais me battre avec lui, mais étant d'un grade inférieur au sien, le fourrier Celeyron prit ma cause. — Périand questionné par M. l'avocat général, nie avoir parlé d'ajourner le projet jusqu'à sa sortie de la salle de police pour pouvoir, en sa qualité de secrétaire du commandant de place, se servir du sceau et faciliter l'ouverture des portes de la ville. — Le témoin dépose encore que Roquemaure n'a rien dit à propos du bonnet rouge.

21° *Témoin*; Carel, soldat au 6ᵉ, sergent cassé. — J'ai connu Roquemaure en fréquentant son café ; il me présenta De Bieuvre comme son ami. Il m'avait dit un jour : je vous ferai faire connaissance avec un de mes amis, quand il sera arrivé nous donnerons un repas. Il eut lieu le 11, j'y fus invité par Roquemaure. A ce repas j'entendis divers propos politiques ; Roquemaure s'opposa le premier aux projets de De Bieuvre ; je les laissai à table et me retirai une demi heure avant les autres. J'ai été cassé pour avoir été accompagner Roquemaure lors de son départ pour Douai : jamais il ne m'a engagé à déserter la cause du drapeau national.

22ᵉ *Témoin*; Ode, soldat au 6ᵉ, sergent cassé. — Au commencement de décembre j'assistai à un repas donné au café Meurant : au dessert, on chanta des chansons républicaines, on trinqua à l'amitié ; alors un militaire prit le bonnet rouge de Roquemaure et le mit sur une bouteille ; nous continuâmes à chanter. De Bieuvre me fut présenté chez Roquemaure. J'allai au repas du 11 dont Roquemaure fut proclamé président.

Après que Boudct eut chanté la *Bretonne*, «ce n'est pas de chants qu'il s'agit, dit De Bieuvre en se levant alors, nous avons une autre mission à remplir ; un complot doit éclater le 15 à Paris, pour le faciliter il faut exciter un mouvement à Avesnes; je connais un capitaine carbonaro qui marchera pour nous avec sa compagnie. » Roquemaure, Périand et De Biensan se lévèrent en même temps pour s'opposer au projet de De Bieuvre : Roquemaure lui dit même qu'il mentait. La scène n'a pas duré vingt minutes. Le lendemain il y eut un duel, je fus témoin de Roquemaure dans son affaire avec De Bieuvre.

23ᵉ Témoin; De Biensan, soldat au 6ᵉ, fourrier cassé. — On m'a présenté De Bieuvre chez Roquemaure. J'étais au dîner du 11 ; il eut lieu à sept heures du soir : sur la fin du repas De Bieuvre fit des propositions auxquelles Roquemaure, Périand et moi, nous nous opposâmes aussitôt. De Bieuvre nous dit qu'en cas de non réussite d'un mouvement à Avesnes, on se retirerait en Belgique où nous aurions chacun cinq mille livres de rente. Comme il parlait de s'emparer de la ville d'Avesnes, Roquemaure lui répondit : « Et quand même tu prendrais la ville, insensé, qu'en ferions-nous ? » De Bieuvre parla d'un complot à Paris pour le 15 ; « vous extravaguez, lui dit Roquemaure » : ils s'insultèrent alors ; Roquemaure prit une bouteille et l'aurait lancée contre De Bieuvre si on ne l'avait retenu.

24ᵉ Témoin; Celeyron, fourrier au 6ᵉ. — Le 10 décembre je prenais un punch au café Roquemaure avec un fourrier ; ce soir Roquemaure arriva avec De Bieuvre et me le présenta comme un de ses amis : il nous dit que le 11, il y aurait un repas pour fêter l'arrivée de cet ami, et il nous y invita. Au dîner De Bieuvre parla d'exciter un soulèvement à Avesnes et de se rendre maître de la ville : Roquemaure s'y opposa.

D. s'y opposa-t-il de suite ; n'avait-il pas déjà laissé De Bieuvre développer son plan ? — *R.* Ce ne fut qu'au moment où il fut question d'un complot à Paris pour le 15, que Roquemaure contrecarra De Bieuvre ; auparavant il l'avait laissé parler de son projet de faire un mouvement à Avesnes, de piller les caisses publiques.

D Roquemaure a-t-il manifesté son oppposition avant ou après que les sous-officiers eurent paru ne pas agréer les propositions de De Bieuvre ?— *R.* Pres-qu'en même-temps que les sous-officiers.
On insiste et le témoin dit : « En même-temps, je crois. »

On reçoit enfin les dépositions de trois témoins à dé-charge, qui suivent, cités à la requête de Roquemaure.

25me *Témoin* ; François, sergent au 6me. — J'assistai à un dîner au café Meurant ; nous entrâmes dans une petite chambre pour ne pas être troublés et être plus à notre aise. Je n'ai pas vu qui a mis le bonnet rouge sur une bouteille ; Roquemaure était placé à table de manière à ne pouvoir le faire ; car il avait déposé sa calotte sur un lit qui n'était pas à portée de sa main. —J'entendis Zambeaux, avant de sortir de prison, dire à Roquemaure : Vous vous êtes comporté d'une ma-nière admirable envers les sous-officiers ; loin de les embaucher, vous les avez déconseillés de faire le mal. Roquemaure proposa alors à Zambeaux de lui faire un écrit de cette déclaration : Zambeaux était en train de l'écrire, quand quelqu'un l'appela et il sor-tit sans signer.

Zambeaux se lève et donne un démenti formel à François pour ce qu'il vient d'avancer.

M. le président ordonne que le témoin François se retire de la salle d'audience, et il interroge M. le colo-nel du 6e, sur la vie et la moralité de ce témoin. M. le colonel déclare que le sous-officier François est un fort mauvais sujet, un homme nul pour le service de sa compagnie, et qui donne l'exemple du désordre ; il accuse ce militaire d'une grande ingratitude à son égard et annonce que s'il ne change de conduite, il perdra bientôt son grade. M. le président fait rentrer François et confronter les deux témoins ; Zambeaux et François persistent chacun dans leurs dires.

26me *Témoin* ; Julie Malère, d'Avesnes. — Quand Zambeaux, au sortir de la prison, fit ses adieux à Ro-quemaure, il lui dit en l'embrassant : « Vous avez eu du malheur que j'aie eu à faire avec cette canaille de De Bieuvre, sans cela, je ne vous aurais pas tant chargé ; mais je dirai toute la vérité aux assises. »

M. le président à Zambeaux. — Avez-vous tenu le propos qu'on vous prête ici ?

Zambeaux. — Je ne m'en souviens pas, j'avais un peu bu au moment de ma sortie de prison ; mais j'ai déposé tout-à-l'heure selon ma conscience et la vérité.

27me *Témoin* ; Gigout, bottier à Avesnes. — Le 13 décembre, étant à l'estaminet chez Vassalo, j'y rencontrai M. le commandant de place, qui me demanda si je connaissais De Bieuvre : je lui dis que non ; mais que je connaissais sa famille qui est très honnête. Eh ! bien, me dit-il, si vous vous intéressez à ce jeune homme, dites lui de partir d'Avesnes, car il risque d'y être arrêté faute de papiers, comme étranger. Je vis De Bieuvre et lui communiquai cet avis.

D. Savez-vous quelque chose sur la moralité de Roquemaure? — *R.* Non, Monsieur.

L'audition des témoins est terminée : La séance est levée ; il est six heures et un quart.

Au sortir de la salle, une grande foule de personnes se pressent au bas de l'escalier pour voir passer les deux chefs du complot d'Avesnes.

Séance du Mardi, 25 Avril.

A huit heures, les abords du Palais-de-Justice indiquent que la curiosité publique n'est pas moins excitée que la veille ; enfin l'entrée de la salle est permise à la foule avide d'entendre les plaidoyers du complot ; et bientôt l'auditoire est plein de monde. L'audience est ouverte à neuf heures : Les deux accusés sont introduits ; on remarque qu'ils affectent comme hier de se tenir éloignés l'un de l'autre, et que leurs regards évitent de se rencontrer. Les deux premiers bancs sont occupés par les vingt-sept témoins qu'on a entendus la veille. Il paraît résulter de leurs diverses dépositions que l'accusation se soutiendra difficilement quant au chef de complot ayant pour but de renverser le gouvernement, et qu'elle se réduira au délit d'adhésion à une autre forme de gouvernement, et à celui résultant de l'apologie d'un fait qualifié crime par la loi pénale, délits dont sont encore prévenus les accusés.

Après l'appel des jurés, M. le président donne la parole à M. le procureur-général.

M. Hibon, premier avocat-général qui occupe le siège du ministère public, se lève et au milieu d'un profond silence, prononce le discours suivant :

« La tranquillité et la force des Etats dépendent de la bonté des institutions; et sans doute la France devrait, à ce titre, être plus qu'aucun autre pays à l'abri de tout danger. Quand vit-on, en effet, sur le trône un homme respectant plus les droits du peuple et plus occupé de son bonheur que l'auguste prince qui nous gouverne? Dans quelle contrée de la terre les institutions sont-elles meilleures et plus populaires qu'en France? Quel pays est plus heureux que le nôtre? La prospérité y règne, toutes les croyances y sont protégées, l'Industrie étale de toutes parts ses richesses, et le Commerce dégagé de ses entraves prend chaque jour un nouvel accroissement. Comment donc tant d'odieux attentats, tant de mouvements insurrectionnels sont-ils venus frapper de stupeur tous les bons citoyens? Comment l'hydre des révolutions tente-t-elle de relever toujours sa tête menaçante? Comment tant de projets avortés, tant de complots déjoués n'ont-ils pu lasser l'esprit du mal? Pourquoi tant de ramifications hostiles dans tout le pays? C'est que nos institutions quelque bonnes, quelque libérales qu'elles soient, ne peuvent encore suffire à laisser un libre essor à tous les partis qui veulent renverser le gouvernement, c'est que le gouvernement ne peut assouvir ni arrêter toutes les ambitions qui cherchent à entraver sa marche, c'est que les vagues écumeuses sont encore à la surface d'une mer dont le lit est apaisé. Heureusement il appartient à la société de rejeter de son sein les fauteurs de complots et de troubles; et c'est au jury que cette grande mission est confiée; c'est à vous, messieurs, qu'elle est réservée, à vous qui êtes unis à l'intérêt du pays. »

Avant d'aborder les faits de la cause, il importe de vous parler des antécédens des deux accusés.

Roquemaure, né sous le ciel de l'Italie, amené en France par ses parents, fut d'abord préposé des douanes à Sarrau (Isère) : il s'enrola comme volontaire en 1823 et parvint au grade de serg'-major. Quelle fut sa vie, sa conduite ? Les attestations des chefs des corps où il a successivement servi nous feront connaître sa moralité, ses menées. Voici les renseignemens donnés par M. Guingré, colonel du 51° aux colonies : avant mon arrivée aux Antilles, dit ce chef, une tentative d'insurrection avait eu lieu à la Guadeloupe au moment de la révolution de juillet ; et Roquemaure passait pour en avoir favorisé le développement. Il eût été traduit en jugement à raison de ce fait, mais il bénéficia de l'ordonnance royale d'amnistie accordée le 21 octobre 1830 aux crimes et délits politiques. A la suite d'une faute grave, Roquemaure fut signalé à la tête du corps et privé de son grade. Sur ces entrefaites Roquemaure s'était trouvé compromis dans des dénonciations calomnieuses qu'il avait contribué à fabriquer contre les autorités de la Guadeloupe. Sa présence étant loin d'assurer la sécurité de cette île, il fut renvoyé des colonies. Un rapport du major du 51° signale ainsi l'accusé : Roquemaure, dit-il, a une insatiable ambition, un désir immodéré de s'avancer, une conduite insubordonnée ; il serait heureux pour le 51° d'être débarrassé du sieur Roquemaure. Voilà la conduite, la vie de l'ex-sergent Roquemaure aux Antilles ! Il sollicita la croix de juillet comme récompense de sa conduite à la Guadeloupe, lors des événemens des trois journées ; il avait calomnié les chefs de la colonie qui avaient montré du patriotisme en 1830. M. le ministre comte de Rigny s'exprime en ces termes dans une lettre : « le sieur Roquemaure, indiscipliné, en révolte perpétuelle contre ses chefs, est loin d'avoir acquis des titres pour obtenir la récompense des braves de juillet. » Roquemaure voyant ses démarches vaines, renia alors cette révolution glorieuse qu'il avait d'abord saluée de ses acclamations ; il déclara la guerre à un gouvernement qui n'avait pas voulu servir son ambition ; après avoir en vain sollicité des faveurs de ce gouvernement, après avoir profité du bienfait de son amnistie. Et depuis, ne s'est-il pas montré perfide envers son ami, envers le confident de ses pensées intimes ! Quand un sous-officier se conduit bien, il ne roule pas d'un régiment dans un autre : Roquemaure après avoir changé de corps plusieurs fois, et subi de graves punitions, finit par se faire remplacer ; il sortit des rangs de l'armée en 1831, sans pouvoir obtenir le certificat de bonne conduite qu'on ne refuse jamais aux sous-officiers qui rentrent dans leurs foyers.

Marié à une cantinière du 51ᵉ régiment d'infanterie de ligne, Roquemaure en sortant du service vint s'établir à Avesnes où il forma un café près de la caserne. En sa qualité d'ancien sous-officier, il ne tarda point à avoir des intelligences avec les soldats, et bientôt, ainsi que l'a déposé M. le sous-préfet d'Avesnes, il fut signalé comme un républicain forcené dont les efforts tendaient à corrompre les militaires en garnison dans cette vil'e. Plusieurs témoins, entr'autres les sieurs Dupont et Dineux nous représentent Roquemaure comme se plaisant à souvent répéter dans les cafés et estaminets que *l'établissement d'une république serait la forme de gouvernement la plus avantageuse à la France; que le peuple serait plus heureux sous un règne de liberté.* D'ailleurs Roquemaure n'est-il pas convenu lui-même de ses opinions? il a dit *qu'elles étaient démocratiques.* Il cherchait à convertir à ses opinions ceux avec qui il se trouvait en rapport : le témoin Corbet vous a dit que Roquemaure l'avait excité à acheter un bonnet rouge *et à penser comme lui*, lui promettant qu'alors on ne le laisserait manquer de rien. En 1834 à Solre-le-Château, un jour où la garde nationale s'était assemblée pour rendre les honneurs au préfet du département, Roquemaure exhale en public, devant cette milice citoyenne, sa haine pour le roi, son mépris pour notre gouvernement et sa sympathie pour la république. Là il déclare que le roi est indigne de régner ; que tous ses efforts tendront à établir la république et qu'il ne veut pas boire à la santé du roi ; s'exposant ainsi aux mauvais traitements de ces villageois en bravant leurs sentiments politiques. La procédure nous le montre cherchant en toute occasion à produire ses opinions coupables ; vainement il a dit qu'il ne se croyait pas assez de moyens pour être l'apôtre d'un parti.

Lors de l'arrivée du 6ᵉ régiment d'infanterie de ligne

à Avesnes, Roquemaure chercha à attirer chez lui les sous-officiers de ce corps, il se lia plus particulièrement avec Zambeaux, Périand, Carel, Ode, De Biensan et Celeyron dont les opinions lui paraissaient se rapprocher d'avantage des siennes et il les réunit plusieurs fois soit chez lui, soit dans le café Meurant, soit à celui de Tivoli. Là dans ces réunions, au milieu de libations excitantes, Roquemaure traitait des questions politiques, s'annonçait comme destiné à assurer l'affranchissement des noirs et l'indépendance de la Guadeloupe, rêvait la délivrance des prisonniers de Doulens, et cherchait à dégager ces jeunes officiers des liens qui les attachaient à leur pays et à leur drapeau, en leur parlant avec chaleur, avec feu pour les émouvoir et les entraîner par son élocution facile. Il se faisait même gloire de ces coupables tentatives, loin de s'en cacher. N'avez-vous pas entendu M. Isidore Lebeau, avocat du barreau d'Avesnes, déposer qu'un jour Roquemaure s'était vanté en sa présence, dans le café Meurant, d'avoir *eu chez lui une réunion préparatoire, d'avoir conspiré toute la nuit?* Quel était donc le but de ces réunions *préparatoires* qui se prolongeaient si avant dans la nuit; que s'y passait-il? Roquemaure seul le sait et il n'a jamais rien voulu répondre aux interpellations faites à ce sujet; il a nié le propos révélé par M. Lebeau : et cependant qui doit-on en croire ou d'un avocat désintéressé dans la question, ou d'un homme d'une conduite comme celle de Roquemaure ?

Ce qui pourra le mieux vous montrer combien les dispositions de Roquemaure sont hostiles au gouvernement et au roi, c'est une scène passée au café Meurant. Là, on vient à parler d'Alibaud, devant MM. Lebeau (Isidore) et Dineux : *L'action d'Alibaud,* dit Roquemaure, *est grande et sublime! il a agi en homme de cœur en risquant sa vie pour rendre un grand service à la France.* On veut lui faire des remontrances, et il ajoute alors : *Je suis certain que j'ai raison; ce que je dis, je le dis du fond de mon cœur.* L'action d'Alibaud a été grande et sublime! Voyez-vous, messieurs, l'accusé faisant l'apologie de l'assassinat et du régicide! à ses yeux ce sont des actions nobles et légitimes. Ainsi cet attentat qui a épouvanté la France, a fait la joie de Roquemaure; il y a applaudi comme à un dévouement sublime et généreux : apprenez par là à juger Roquemaure et ses doctrines détestables, apprenez que vous avez à juger le panégyriste d'Alibaud!—Que fait Roquemaure une autre fois, dans un repas donné à des sous-officiers au café Meurant? Après avoir proféré des chansons républicaines, il place son bonnet rouge sur une bouteille en disant : *Voilà le bonnet de la République* ou *Vive la République !* et devant ce symbole séditieux, il porte des toasts : *A nos frères ! aux patriotes ! c'est à la vie et à la mort* ! Puis voyant l'enthousiasme des convives et croyant que le moment était venu de mettre à profit ces dispositions, favorables à l'exécution du projet qu'il nourrissait depuis longtems : il s'écrie dans un transport de joie : *tout ira bien ; nous irons chercher De Bieuvre !* Quel était donc ce projet, si ce n'est le renversement du gouvernement et l'établissement de la république? Et quand De Bieuvre sera arrivé à Avesnes, quand on le verra adopter le projet; qui doutera que De Bieuvre ait agi spontanément ou qu'il n'ait été que l'instrument de Roquemaure !

Tels sont les faits relatifs au premier accusé; passons maintenant aux antécédens de De Bieuvre.

Fils d'un ancien receveur des contributions indirectes de Maubeuge retiré à Barbançon, commune belge limitrophe de la France, De Bieuvre fit ses études aux collèges de Maubeuge et de Douai. Il suivit l'école préparatoire militaire, mais n'ayant pas satisfait aux conditions d'admission pour Sr-Cyr, il fut placé à Bruxelles en qualité de commis chez un agent de change. Là il se montra peu assidu au travail, préférant s'adonner à l'escrime et au tir du pistolet. Le commissaire de police de Bruxelles nous apprend que des duels nombreux avaient justement acquis à De Bieuvre la réputation d'un férailleur et d'un spadassin, et qu'enfin il dut même fuir la ville de Bruxelles, à la suite d'un combat singulier, pour se soustraire à des poursuites judiciaires qu'il redoutait. Le bourgmestre de Barbançon nous informe que De Bieuvre est un jeune homme qui a des idés exaltées; que son caractère turbulent le portait à rechercher

toutes les occasions de trouble afin d'y prendre part;
qu'il a combattu en 1830 lors de la révolution de juillet;
que toutefois jamais on n'a eu à se plaindre de sa moralité, et qu'il est d'une famille honnête et dans l'aisance.
Tombé au sort et suivant son goût prononcé pour les
armes, il partit en 1834 pour entrer dans les rangs de
l'armée française; bientôt après, au bout de quelques
mois, il se fit racheter et remplacer; il sortit du service militaire en 1835. Rentré chez lui, il nous est représenté par le bourgmestre comme menant à Barbançon une vie désœuvrée, passant souvent des journées
entières au cabaret, à jouer aux cartes et se faisant remarquer par ses opinions républicaines. Bientôt il développa ses convictions à Maubeuge où il fréquentait
de préférence les sous-officiers, et paraissait se plaire
plus particulièrent dans la société des militaires. Il leur
manifestait, il professait en leur présence des disposi-
sitions peu favorables au gouvernement; il se donnait
hautement dans des lieux publics la qualification de républicain; il se vanta même d'avoir figuré au combat
du Cloître Saint-Méry à Paris, en 1832. Il n'a pas craint
de se déclarer l'ennemi de la monarchie constitution-
nelle, non seulement par ses paroles, mais encore par ses
écrits. Lors de l'attentat d'Alibeau des adresses partirent
de tous les points du royaume en témoignage d'amour
pour le prince qui règne sur la France: M. Poulet de
Maubeuge fit à ce sujet une pièce de vers; cette manifestation déplut à De Bieuvre qui écrivit en réponse
les vers suivants, où il cherchait à défendre un régicide.

A M. POULET,

Tu ne cesses donc pas de te faire railler?
Tu veux jusques au bout, poursuivant ton métier,
Flagorner le pouvoir; et d'une voix éteinte,
Célébrer sa louange en style de complainte;
Tu te déclares donc le champion du Roi?
Je comprends :...ton orgueil met ta verve en émoi,
Et te fait de l'encens prodiguer la fumée.
L'orgueil! je me trompais; car ta main allongée
Me paraît réclamer quelques brins du budget.
Ecoute mon conseil : sur un autre sujet
Exerce ton esprit, mendiant opiniâtre. . . .
. . . .

Tu possèdes, dis-tu, la bosse du génie ;
Et sur ton noble front est écrit : Poésie.
Eh bien ! fais-toi critique et censure mes vers ;
Mais que le malheureux surpris par les hivers
Tire de ton travail le coûteux calorique ;
Sans cela, gare à toi !…ta muse rachitique
Aurait fort à souffrir de mon juste courroux.
Puis, respecte Alibaud ! car ce n'est qu'à genoux
Que tu dois contempler l'autel de la patrie ,
Et toucher, le front bas ; le bonnet de Phrygie.

De Bieuvre prévoyant sans doute le dénouement auquel pouvait le conduire le rôle politique qu'il voulait jouer, avait à l'avance composé l'épitaphe qui devait perpétuer jusque sur sa tombe, sa haine pour la monarchie. La voici :

Passant, qui que tu sois , respecte cette tombe ;
C'est d'un républicain qui heurte , mais succombe ,
L'asile le plus sûr contre un joug odieux.
C'est pour toi qu'il combat. Pour toi !…mais envieux ,
Tu mets sa tête à prix et l'admire toi-même.
Maintenant qu'il est mort et que le diadème
S'est souillé de son sang, viens répandre des pleurs
Sur sa fosse ignorée et couvre la de fleurs.

C'est à Maubeuge vers le milieu de 1836, que Roquemaure et De Bieuvre se rencontrèrent pour la première fois : une liaison se forma aussitôt entre eux et devint bientôt intime. En effet, MM., examinez la conduite des deux accusés : d'un côté De Bieuvre voulait qu'on respectât la mémoire d'Alibaud, qu'on s'agenouillât devant le bonnet phrygien ; d'un autre côté Roquemaure déclarait l'action d'Alibaud sublime, et faisait vénérer aussi le bonnet de Phrygie , placé par lui sur une bouteille. Des opinions qui s'accordaient si bien ne pouvaient manquer de rapprocher ces deux individus et d'établir entre eux une étroite amitié. Toutefois il existe une grande différence entre eux : Roquemaure, homme adroit, habile, insinuant et circonspect, a su saisir le faible de De Bieuvre qui ardent, fougueux, sans réflexion , incapable de diriger, veut toujours exécuter, et est prêt à tout faire quand les liqueurs alcooliques viennent l'exalter. Roquemaure voit en lui un instrument utile qu'il peut mettre en avant pour l'exécution de ses projets : car plus fin , plus rusé et plus prudent,

Roquemaure ne veut point d'abord paraître ; après s'être emparé de De bieuvre, il le pousse selon ses vues, profitant pour cela du caractère impétueux de son associé. La politique avait une grande part aux relations des deux accusés ; ils faisaient ensemble de la propagande, comme leurs propos l'ont établi : on voit De Bieuvre donner des caricatures à Roquemaure et celui-ci lui donner en échange vingt portraits des détenus de Doulens : on voit sortir de la plume de De Bieuvre un drame politique inspiré par Roquemaure, et relatif à des faits auxquels ce dernier avait pris part à la Guadeloupe en 1830. De Bieuvre vint plusieurs fois à Avesnes pour y voir Roquemaure, et ce dernier fut aussi accueilli chez De Bieuvre qu'il alla visiter à Barbançon.

Dans les premiers jours de décembre, Roquemaure part pour Barbançon avec Boudet ; celui-ci pour chercher un fusil de chasse ; et Roquemaure sous prétexte d'aller prendre une selle anglaise : mais le vrai but de ce voyage était le commencement d'exécution du complot.

De Bieuvre, en compagnie de Roquemaure et de Boudet, part de Barbançon avec des intentions hostiles ; muni de pistolets, de balles, pour sa sûreté, dit-il, pour des duels qui lui arrivent fréquemment. Sur la route, Roquemaure lui fait des ouvertures qui auraient été les premières, au dire de De Bieuvre : *les sous-officiers du 6ᵉ vous attendent impatiemment*, lui dit-il, *je suis leur organe en venant vous chercher ; il s'agit d'un branle-bas général qui doit avoir bientôt lieu.* Roquemaure nie avoir tenu ce propos ; mais il n'a que sa pure allégation pour repousser des paroles rapportées par De Bieuvre : en vain il invoque le témoignage de Boudet qui n'était pas toujours à leurs côtés, qui resta en arrière, séparé d'eux près de Cousolre. D'ailleurs Boudet était ivre, il n'a rien vu, rien entendu ; et l'on voudrait opposer un pareil témoin à la déposition de De Bieuvre !

Roquemaure et De Bieuvre se séparent à Maubeuge, et il est convenu qu'on se rejoindra à Avesnes. Roquemaure, de retour dans cette ville, montre avec affectation aux sous-officiers un couteau de chasse dont il s'est emparé à Barbançon ; il leur annonce la venue prochaine de De Bieuvre , en disant : *l'avant-garde est arrivée et bientôt viendra l'arrière-garde.* De Bieuvre entre à Avesnes le 8 décembre : le 9 Roquemaure réunit chez lui les sous-officiers et il leur présente De Bieuvre comme un homme propre à servir leur cause ; *voilà,* leur dit-il, *l'ami dont je vous ai si souvent parlé.* Dans cette réunion on traite des questions politiques, on chante des chansons républicaines; De Bieuvre s'étonne d'une telle conduite près d'une caserne : *ce n'est rien ,* lui répond Roquemaure, *ces messieurs sont sûrs ; plus tard tu en verras bien d'autres.* Puis prenant De Bieuvre à part, il lui parle des dispositions des sous-officiers ; il montre De Biensan comme un peu disposé pour la noblesse et pour Henri V ; mais il vante Zambeaux, *c'est un homme sûr , dévoué ,* dit-il, *et sur lequel on peut compter.* Puis au milieu des propos imprudens et des chants séditieux des sous-officiers ; *tu vois ,* ajoute-t-il, *comme ils sont bien ; ils nous sont tous dévoués ; demain nous aurons une réunion où nous arrêterons les moyens pour agir de suite.* Le 10 on se réunit en effet : Roquemaure , vous le voyez, marche progressivement, il annonce toujours à l'avance ses dispositions pour voir comme on pourra agir. Dans la journée du 10, Roquemaure demande à De Bieuvre s'il a des connaissances en géométrie , sur sa réponse affirmative, il le prie d'étudier les remparts et les ouvrages de la place ; on examine les fortifications d'Avesnes avec le sergent Zambeaux , en se rendant à Tivoli , café situé hors de la ville : on parle d'établir une batterie à St.-Hilaire pour tirer sur Avesnes. Dans cette promenade Roquemaure concerte ses plans avec De Bieuvre , ils se tiennent bras dessus bras dessous, en s'entretenant à voix basse : «*Voilà mon projet* ; lui dit Roquemaure, *nous opérerons un mouvement à Avesnes ; nous nous emparerons de cette place , pour attirer dans le Nord les troupes de Paris et faciliter par ce moyen une insurrection dans la capitale : En cas de non succès , on s'embarquera à Ostende pour la Guadeloupe où nous irons proclamer l'indépendance.* De Bieuvre agréa ces propositions et leur donna son adhésion formelle. On convint alors pour le 11 d'un repas où l'on réunirait les sous-officiers et tous ceux qui paraissaient le mieux disposés, sur lesquels on pouvait compter davantage. Roquemaure commanda le dîner pour deux heures après-midi, mais il fut fixé à sept heures du soir parceque le traiteur Buisseret déclara que jusqu'à ce moment sa salle à manger était occupée par ses pensionnaires.

Dans le trajet, en se rendant chez Buisseret, Roquemaure dit à De Bieuvre : *je suis marié, j'ai un commerce à Avesnes; toi, tu es garçon, tu habites la Belgique où tu peux facilement te retirer; tu assumeras sur toi toute la responsabilité; veux-tu te charger du colonel?* De Bieuvre répondit qu'il y consentait. Roquemaure ajouta que les *caisses de la ville étaient pleines, parce que c'était la fin de l'année et l'époque des versemens :* Puis il traça à De Bieuvre son rôle et ce qu'il devait dire au repas. Il lui prescrivit notamment de *se donner comme chef de la section de Danton, et d'annoncer aux convives qu'il avait mission des républicains de Paris pour leur faire ces propositions. —* Non content d'avoir ainsi exposé ses projets, et dressé l'instrument dont il devait se servir pour les mettre à exécution, Roquemaure songea encore à sa sûreté personnelle dans le cas où ses espérances viendraient à avorter. *Comme on peut rencontrer des traitres,* dit-il à De Bieuvre, *j'aurai l'air de ne pas trop t'appuyer d'abord; je te ferai même quelques objections que tu détruiras facilement; mais sitôt notre projet bien adopté, je prendrai la direction du mouvement pour agir de suite.* On verra chez Buisseret, Roquemaure prendre habilement cette position qu'il s'était choisie; et il a osé devant vous, prétendre s'en faire un moyen de justification. Dès ce moment tout étant ainsi convenu, Roquemaure s'occupa de réunir ses convives : les fourriers de Biensan et Celeyron, les sergens Zambeaux, Ode et Carel, le caporal Périand, les sieurs Boudet, Corbet et Dupont furent invités par lui; le sous-lieutenant Zambeaux vint aussi, pour contenir, dit-il, son frère qui était ivre.

En entrant chez Buisseret, Roquemaure **dit à De** Bieuvre : *ils sont tous décidés.* Avait-il sondé à l'avance les dispositions des sous-officiers, ou voulait-il encourager De Bieuvre? c'est ce qu'on ne peut savoir. Et à quoi étaient ils décidés! On peut en juger, si l'on en croit la déclaration de Périand, qui a dit que Celeyron l'aurait déterminé à s'échapper de la salle de police pour assister au repas avec lui, parce qu'il avait entendu quelque chose, et qu'il était bon que de braves et honnêtes soldats s'y trouvassent pour faire échouer certains projets. D'ailleurs voyez encore dans quelle disposition De Bieuvre va au diner ; il se rend chez Buisseret, armé de pistolets chargés à balles : il était avec Périand auquel il parle de choses relatives au projet. Comme celui-ci cherchait à l'en détourner et ne paraissait pas le goûter, De Bieuvre lui fait alors tâter ses armes, en lui disant qu'elles doivent servir à brûler la cervelle à ceux qui tergiverseront. De plus une délibération avait eu lieu sur le choix des convives qu'on devait admettre ; il fut question d'éliminer Dupont et d'exclure Corbet : et pourquoi? par ce qu'on n'était pas sûr de leurs opinions. Or pourquoi toutes ces précautions, ces mesures, s'il ne devait pas être question de projets criminels à ce repas? Roquemaure avait invité Corbet ; mais bientôt réfléchissant qu'il n'*avait pas les mêmes opinions qu'eux et que l'on ne pouvait se fier à lui*, il recommanda à la femme Buisseret de ne point le laisser entrer, non plus que toute autre personne qui pourrait se présenter. Corbet arrive, mais il est renvoyé par la femme Buisseret ; Roquemaure se lève de table, s'informe et dit à cette femme qu'elle a bien fait. D'où vient l'inquiétude de Roquemaure quand Corbet frappe à la porte? C'est qu'il sait que De Bieuvre va parler, c'est qu'il s'est concerté avec lui : car autrement c'eût été à De Bieuvre à s'inquiéter, à s'assurer qu'on n'admettrait personne. D'ailleurs ce qui prouve encore que Roquemaure était bien le chef dans cette affaire, c'est sa place parmi les convives ; ne le voyez-vous point constitué président du repas?

Vers la fin de ce repas (1), lorsque les têtes commençaient à s'échauffer, De Bieuvre se lève et prend la pa-

______

(1) On peut en voir les détails donnés ci-dessus par De Bieuvre, Roquemaure, Dupont, etc.

rôle : il développe ses plans de conspiration ; propose d'agir de suite, de s'emparer de la ville d'Avesnes et des caisses publiques, renfermant deux millions; de tuer le colonel du 6ᵐᵉ de ligne : deux cents hommes de la garnison, et un capitaine avec sa compagnie sont prêts à marcher ; il faut opérer un mouvement à Avesnes pour faciliter une conspiration qui doit éclater le 15, à Paris. Une agitation se manifeste alors parmi les convives dont quelques-uns forment opposition à ce projet ; plusieurs sous-officiers se lèvent et le repoussent avec indignation. Que faisait Roquemaure pendant ce temps? Roquemaure, calme au milieu de cette agitation, observait ce qui se passait : il se contente de faire à De Bieuvre, comme il l'en avait prévenu, quelques légères objections auxquelles celui-ci pouvait facilement répondre. Puis s'apercevant du mauvais effet qu'avait produit sur les militaires, l'offre de De Bieuvre d'assassiner leur colonel, Roquemaure dit : *qu'il ne serait pas nécessaire de tuer le colonel, qu'il suffirait de s'emparer de la ville, si on en avait besoin.* Mais voyant que la proposition réduite même à ces termes, n'obtenait pas plus de succès, il sentit alors qu'il était temps de songer à lui et de séparer sa cause de celle de De Bieuvre. Roquemaure profite du moment où celui-ci parlait d'un capitaine carbonaro et d'un complot à Paris, pour le 15 ; il l'interpelle vivement à ce sujet, le somme de nommer ce capitaine, et sur le refus de De Bieuvre, il lui lance l'épithète de *menteur*. De Bieuvre étonné de ce langage, voyant que Roquemaure, que son complice l'abandonnait, après l'avoir entraîné, l'avoir poussé en avant ; De Bieuvre lui riposte aussitôt en le traitant de lâche. Roquemaure veut lui lancer une bouteille à la tête, mais il est désarmé. On se propose pour le lendemain un duel ; les convives se retirent, et c'est ainsi que se termine le festin.

On a cherché, on s'est attaché, mais en vain, à représenter Roquemaure comme se levant le premier avec impétuosité pour combattre un projet coupable d'insurrection. Ce n'est qu'après que De Bieuvre eût manifesté toutes ses dispositions, déployé tous ses plans que Roquemaure parut faire de l'opposition à ses desseins :

ce n'est qu'après avoir vu que les propositions de De Bieuvre ne faisaient pas assez d'impression sur les sous-officiers ; ce n'est qu'après avoir vu ces sous-officiers révoltés de l'idée du meurtre de leur colonel et du pillage des caisses publiques ; ce n'est qu'après avoir entendu ces militaires s'écrier avec indignation qu'ils n'étaient ni des assassins ni des voleurs ! oh ! Roquemaure voyant alors s'évanouir toutes ses espérances, renia ses propres pensées et s'éleva contre un projet qu'il avait lui-même conçu ; cherchant, pour sortir de l'abime, à y enfoncer De Bieuvre son complice.

Le lendemain du repas, le 12, on se rend sur le terrain ; d'un côté on voit venir les sous-officiers Zambeaux et Celeyron qui, la veille, s'étaient pris de querelle au diner. Celeyron défendait ici la cause du caporal Périand qui, inférieur en grade, ne pouvait demander raison à Zambeaux des injures que celui-ci lui avait adressées : Zambeaux est blessé d'un coup d'épée par son adversaire. D'un autre côté Roquemaure et de Bieuvre sont aussi en présence pour un combat au pistolet. Roquemaure désigné par le sort pour tirer le premier, ajuste de Bieuvre, puis il détourne son arme, *ne se sentant pas, dit-il, la force ni le courage de faire feu sur un ami.* De Bieuvre son ami ! Oui sans doute lors de son séjour à Barbançon, dans ses relations à Avesnes jusqu'au 11 : mais depuis hier, quand il s'est montré faux et perfide envers De Bieuvre, quand il l'a abandonné par trahison, quand De Bieuvre lui a jeté à la face une épithète qu'un homme d'honneur ne reçoit jamais qu'en frémissant ; quand Roquemaure lui-même a voulu lui lancer une bouteille à la tête ; dès ce moment existe t-il, peut-il exister encore de l'amitié entr'eux ? Cependant aujourd'hui Roquemaure a tout oublié, De Bieuvre est son ami. Pourquoi donc au diner n'a-t-il pas cherché à exercer son influence d'ami sur De Bieuvre pour le détourner de ses projets insensés ? Pourquoi n'a-t-il pas cherché à ramener De Bieuvre à la raison au lieu de l'irriter par l'insulte la plus grave ? Qui donc a pu arrêter le bras de Roquemaure, lui faire détourner son arme ? a-t-il craint l'adresse de son adversaire ? Non, car lui aussi avait fait preuve de son habileté. Ah ! c'est que dans la nuit Roquemaure avait été poursuivi par des remords poignans, c'est qu'il faiblissait devant l'idée de tuer en duel un homme qu'il avait entraîné dans ce complot, qu'il avait engagé lui-même à se déclarer contre le gouvernement et la loi.

Cependant le bruit du diner se répand dans la ville d'Avesnes; le public s'en occupe ainsi que du double duel qui s'en est suivi : on parle du projet, la conspiration transpire. Roquemaure sent que cette affaire va le compromettre; il voudrait se rapprocher de De Bieuvre. Dans la journée du 12, il se rencontre avec lui au café Meurant : De Bieuvre l'accable alors de mépris pour sa conduite de la veille, et de plus lui reproche de vouloir compromettre une femme honnête. Zambeaux se joint en ce moment à De Bieuvre et Roquemaure menacé, presque poussé déhors, est obligé de sortir du café et de se retirer. Roquemaure vit bien alors qu'il n'avait plus rien à espérer de De Bieuvre : il se rend peu après chez M. le colonel du 6ᵉ et dans un long entretien avec cet officier supérieur, il lui fait connaître toutes les circonstances du repas du 11 et tous les noms des convives. Il lui révèle les propositions faites par De Bieuvre ; il rapporte comme les sous-officiers les ont repoussées avec indignation ; ils ont ont été, s'écrie-t-il avec affectation, *admirables* dans leur conduite. Toutefois un seul sous-officier est excepté, c'est Dominique Zambeaux : celui-ci dans un état d'ivresse, a donné, dit Roquemaure, son adhésion aux paroles de De Bieuvre. Voyez vous ! Zambeaux seul est montré sous un point de vue défavorable, car c'est lui qui a appuyé De Bieuvre chez Meurant dans la scène du 12, c'est celui-là même qui a expulsé Roquemaure du café. Que de bons citoyens, pour déjouer des plans criminels, fassent de telles révélations, on le comprend, ils font leur devoir, ils méritent des éloges. Mais Roquemaure, lui qui a appelé de tous ses vœux la république ; lui qui tout à l'heure étalait encore ses opinions *démocratiques* devant vous, dans cette enceinte ; Roquemaure qui, en toute circonstance s'est montré hostile à notre gouvernement, s'en déclarer tout-à-coup l'ami, le protecteur, lui témoigner du dévouement, du zéle ; Roquemaure venir dire que les sous-officiers qui se sont opposés à des projets de destruction du gouvernement actuel, sont *admirables!* Ah! Messieurs, un tel homme était-il sincère alors? Non ; il jouait une ignoble comédie , un rôle aussi hypocrite que coupable devant le colonel du 6ᵉ en lui parlant contre sa pensée, contre ses propres actes et contre ses opinions bien prononcées.

Cependant Roquemaure craint les déclarations de De Bieuvre ; il sent que s'il peut mettre la frontière entre lui et De Bieuvre, il lui sera plus facile d'établir sa défense et d'échapper à l'œil de la justice. Il cherche à faire sauver De Bieuvre en Belgique ; on le prévient même de son arrestation s'il ne quitte Avesnes au plutôt : mais De Bieuvre , malgré ces avertissemens ne veut pas fuir ; et il est incarcéré dans la journée du 15 Décembre. Nonobstant toutes ses précautions Roquemaure fut lui même arrêté le 16 : Dans la prison, il a encore , mais en vain, cherché une réconciliation avec de De Bieuvre ; il essaya de se rapprocher de lui, mais il en fut toujours repoussé.

Quant à De Bieuvre , Messieurs, vous l'avez entendu ; il convient de tout, il est plein de franchise dans ses aveux ; loin de cacher la vérité il la dévoile, il explique tout , jusques dans les moindres circonstances. Il vous a révélé l'existence d'un complot formé par Roque-maure, et que lui De Bieuvre avait approuvé : il convient qu'ils avaient ensemble concerté et arrêté la résolution d'agir, que leur but était d'armer les citoyens contre l'autorité royale , de renverser le gouvernement constitutionnel et d'établir la république : que c'était pour arriver à ces fins qu'il avait visité les fortifications d'Avesnes ; et que l'on avait réuni les convives qui figu-raient au repas chez Buisseret : que c'était toujours dans le même but qu'il avait apporté ses pistolets char-gés à ce dîner et qu'il y avait développé le plan de conspiration. Il avoue qu'il aurait tué le colonel du 6ᵉ, qu'il aurait pillé les caisses publiques, s'il eût été secondé : mais en même temps il se représente comme séduit et entraîné par Roquemaure qui profitait des momens où il était en état d'ivresse pour exalter son esprit et pour l'égarer. De Bieuvre fait encore valoir pour excuse un profond dégoût de la vie , il cherchait la mort ; c'est ce qu'on disait aussi d'Alibaud. Toutefois De Bieuvre n'a pas été entièrement séduit par Roquemaure , car il s'était déjà prononcé lui même longtemps auparavant ; il avait manifesté ses opinions républicaines à Barbançon , à Maubeuge avant même de connaître Roquemaure.

Quant à ce dernier , il n'a point dissimulé sa sympathie pour la propagande et pour la république , mais il oppose une constante dénégation aux révélations de De Bieuvre , et s'est mis en opposition formelle avec lui sur tout ce qui pouvait l'inculper. Roquemaure rejette sur son complice toute la culpabilité , et se confiant dans les précautions qu'il a prises , fort du mystère dont il a environné ses confidences à De Bieuvre , profitant de la position qu'il a su prendre au repas du 11 ., il fait valoir l'épithète de menteur qu'il a adressée à De Bieuvre et le duel qui a suivi leur discussion.

Dans l'état des choses , en voyant d'un côté les aveux de De Bieuvre et de l'autre les dénégations de Roquemaure ; toute la cause , du moins quand au chef de complot contre le gouvernement , peut se réduire au dilemme qui suit : Ou De Bieuvre déclare toute la vérité , et alors Roquemaure est coupable. — Ou bien De Bieuvre dit faux , et alors Roquemaure n'est pas coupable , et De Bieuvre serait un monstre.

Tels sont, Messieurs, les faits de la cause. En présence de tels faits , au souvenir des mouvemens politiques , des tentatives révolutionnaires si souvent répétées et dont nos esprits sont encore frappés , on ne peut se dissimuler qu'il n'existe dans notre pays contre le roi et le gouvernement une trame infernale qui a un centre commun où viennent aboutir tous les fils cachés de ces conspirations. Heureusement pour les briser il s'élève trois obstacles puissans et invincibles : le premier, c'est le bons sens de la nation et son amour pour le roi qu'elle s'est choisi ; le second, c'est l'inébranlable fidélité de l'armée ; le troisième, c'est le génie et la grandeur d'âme du monarque

qui nous gouverne. Aussi tous les efforts des ennemis
de l'ordre public tendent-ils à détruire ces trois grandes
garanties de notre repos et de notre bonheur. On
cherche à tromper le peuple, à corrompre, à séduire
les citoyens, à les égarer avec de haineuse et vagues
déclamations politiques. On porte, on excite les subal-
ternes dans l'armée à s'insurger contre les chefs, à
violer la foi due au drapeau national ; pour y parvenir,
il n'est point de manœuvres qu'on n'emploie : Vous
l'avez vu à Strasbourg, à Vendôme, à Avesnes ; les
complots ourdis au sein de ces villes en sont la preuve.
Quand au monarque qui règne sur la France, on le
calomnie ; on le peint sous les plus odieuses couleurs ;
on le montre à la nation comme marchant au despo-
tisme et avide de dévorer le produit des sueurs du peuple. Alors se présentent pour frapper le chef de l'état,
des Fieschi, des Alibaud, des Meunier. Quel est donc
le remède à ces horribles machinations, à cet état de
guerre permanent qui trouble le pays ; comment raffer-
mir l'édifice social à chaque instant ébranlé ? C'est au
jury seul qu'il appartient de le faire. Le jury saura préserver notre patrie des malheurs que des séditieux vou-
draient attirer sur elle ; le jury, défenseur de l'ordre
et de nos libertés, saura bien réduire les agitateurs à
l'impuissance, et dompter les ennemis de notre repos
et de la fortune publique.

C'est ainsi que M. l'avocat général termine son réqui-
sitoire qui a duré une heure et demie environ. La cour
se retire un instant : Après une suspension d'audience
de quelques minutes, Mᵉ Huré, défenseur de Roquemaure, se lève et prend la parole (1) en ces termes :

(1) Les paroles ne suffisent pas ici : il faudrait pouvoir reproduire encore le geste et le ton de ce plaidoyer original, semé de traits spirituels et
pétillans de saillies qui ont excité maintes fois l'hilarité de l'auditoire. On
voit, de temps à autre, un beau et grave mouvement se déployer à coté
d'une sortie comique et brusque du défenseur. Chacune de ses plaisanteries,
chacune de ses paroles moqueuses, vont comme des traits acérés et mor-
dans frapper le complot et les malencontreux conspirateurs : en vérité, on
ne pouvait les faire échapper qu'en les faisant passer par le ridicule ; c'était
la seule voie de salut qui leur fût ouverte.   (Aug. L.)

« MM. les jurés, je viens défendre Roquemaure ; je me présente avec une conviction profonde. Je ne ferai point assaut avec l'exorde pompeux et les phrases sonores du ministère public ; je suis peu familier avec les périodes cicéroniennes : je parlerai dans un langage simple et naturel, comme il convient, quand on s'adresse à des jurés, à la justice du pays.

Un cadavre revêtu de beaux habits, n'en est pas moins toujours un cadavre : je vais déshabiller la conspiration d'Avesnes, je veux la montrer toute nue ; vous verrez, par ce moyen, ce qu'elle est. Je ne chercherai point à faire ici l'apologie ou la critique du gouvernement ; je saurai me renfermer dans ma cause. Quand on vint nous annoncer qu'il y avait eu un grand complot dans la capitale du Hainaut, dans une bicoque, tout le monde a haussé les épaules. C'est de là que devait donc partir le trait puissant, destiné à renverser un gouvernement fort comme le nôtre ! y pensez-vous ! La grande conspirations d'Avesnes qui allait tout engloutir sous ses vagues furieuses ; savez-vous bien ce que c'était en réalité ?.... tempête dans un verre d'eau ! — On n'a point peur des fantômes : on nous a quelquefois menacés du rétablissement des cours prévotales ; eh bien ! si nous étions sûrs d'avoir des prévôts comme M. le colonel du 6ᵉ de ligne, nous ne déclinerions point la jurisdiction militaire. Avec ce jugement sain, ce bon sens qu'il a déployé devant vous, M. le colonel a tranché la difficulté, comme Alexandre, avec son épée : dans sa déposition vous avez vu que la conspiration d'Avesnes avait été tuée sur place ; il l'a traitée comme un acte insensé. Absurdité, voilà donc tout le complot. Une orgie a été qualifiée complot, décorée du nom éclatant de conspiration. Le ministère public d'Avesnes a voulu se faire valoir, faire ressortir un peu la ville d'Avesnes de son obscurité, il s'est complu à bien nourrir, à faire grossir un chétif avorton jusqu'au point d'en former un grand et menaçant complot. Il ne nous sera pas trop difficile de combattre et de réfuter de point en point l'acte d'accusation.

On a critiqué la conduite de Roquemaure pour s'être prononcé un des premiers en 1830, quand vint s'ouvrir une ère nouvelle pour la France. Il y a, nous le

savons , des gens qui attendent , pour recueillir plus sû-
rement les fruits , que tout soit bien développé et par-
venu à une maturité entière. Mais il y a aussi des hommes qui voient poindre de loin les rayons de la Liberté ,
avant même que le soleil ait paru sur l'horizon; des hommes qui n'attendent point que le danger soit passé pour
se ranger dans telle ou telle cause. Un matelot apporte
la nouvelle de la révolution de 1830 à la Guadeloupe
où Roquemaure se trouvait alors. Roquemaure qui en
avait toujours nourri les principes dans son cœur , dé-
vançant en cette circonstance des actes officiels, arbora
avant les autres le drapeau de la Liberté , le vieux drapeau de Béranger. Et l'on vient ici reprocher à Roquemaure d'avoir , le premier , pris part à la révolution de
juillet , à cette révolution glorieuse qui nous a donné le
monarque régnant aujourd'hui sur la France ! — On
est venu fouiller jusque dans la vie privée de Roquemaure ; on a voulu le percer de tous les côtés : hier on
vous a parlé d'affaires civiles , de testament ; que sais-
je ? d'affaires non encore mises au rôles ! nous ne nous
appesantirons point sur ces hors-d'œuvre ; laissons là
tout ce qui est étranger à notre cause.

On a fait des rapprochements, nous en ferons aussi
à notre tour. On a fait un grief grave à Roquemaure de
son opinion ; en cela il nous semble que malgré les pro-
grès toujours croissants des lumières , nous ne sommes
guère plus avancés qu'au siècle dernier. On disait en
93 : aristocrate ! — lanterne. On dit aujourd'hui : républicain ! — Saint-Michel. Je dirai donc qu'il faut laisser
les opinions libres ; car il est de l'instinct de toutes les
croyances de se propager : bonnes , elles parviendront
toujours , malgré tous les moyens coercitifs, à se frayer
un passage; mauvaises, nous n'avons rien à en craindre;
le bon sens de la nation en saura faire justice.

Pour établir la conduite, la moralité de Roquemaure ,
on vous a lu des rapports, des certificats: nous en avons
heureusement aussi quelques uns à vous opposer dans
le même but. Ecoutez ! s'il vous plait : « Le maire de la
ville d'Avesnes certifie que le sieur Roquemaure , qui
habite cette ville depuis 1831 , a constament tenu une
conduite honorable et sans repproche ; qu'il a été nom-

mé sergent dans la compagnie de chasseurs de la garde nationale , et a puissamment contribué à l'instruction du bataillon communal. » Avesnes le 15 novembre 1835 , signé George. Voici un autre certificat , délivré par M. Chas , brave militaire , commandant de place à Avesnes. « Je certifie que le sieur Roquemaure , ancien sergent-major au 51e de ligne , m'est connu comme un homme de bonne vie et mœurs ; qu'il a reçu une éducation distinguée , qu'il a contribué par son zèle et ses connaissances à instruire le bataillon de la garde nationale d'Avesnes , et que son instruction militaire est au-dessus de la place qu'il occupait. » Voici , je pense , des actes émanés aussi d'autorités qui ont bien quelque poids. Je ne craindrai donc pas de le dire , le tort de Roquemaure , c'est d'avoir été trop près des rayons de la révolution de juillet : s'il avait signé une proclamation pour Henri V, il aurait aujourd'hui des épaulettes.

Disons quelques mots du prétendu complice de Roquemaure. Qu'est-ce que De Bieuvre ? c'est un jeune homme qui a reçu une éducation soignée à Douai, ayant de bonnes qualités du cœur, mais doué d'une imagination funeste ; ayant la fanfaronnade des duels , car les hommes avec lesquels il s'est battu, se portent tous assez bien ; nous comptons peu de cadavres. Avec une meilleure direction , De Bieuvre eût pu se rendre utile à la société : mais rentré dans l'oisiveté, après un peu de service militaire , il se réfugia dans les liqueurs fortes pour échapper à des idées de suicide , pour échapper , qui sait, peut-être à son Bertrame, à son démon tentateur, à Roquemaure. Roquemaure malheureux dans son ménage, dans son intérieur, sentait le besoin d'un ami ; il crut en trouver un , quand il rencontra De Bieuvre dont les pensées lui semblaient sympathiser avec les siennes : des rapports s'établirent alors entr'eux. Dans une visite à Barbançon, Roquemaure s'empara d'un fameux couteau de chasse dont on vous a beaucoup parlé, mais qu'on n'a vu figurer qu'à la chasse aux plats. — Roquemaure établi cafetier à Avesnes près d'une caserne, connaissant le prix de personnes amies, éprouvant le besoin de ces relations intimes qui font le bonheur et le charme de la vie, Roquemaure se lia alors avec quelques militaires. On lui fait aujourd'hui un grave reproche de ses liaisons avec des sous-officiers; on l'accuse même d'avoir voulu les embaucher, parce qu'ils aimaient à fréquenter un homme dont ils partageaient les opinions. Pourquoi aussi vouloir donc faire du soldat une espèce de Paria isolé; vouloir lui interdire la liberté ou la communication de ses pensées? La discipline militaire ne peut étouffer ni tuer sous l'uniforme la conscience politique : on peut faire son service, porter la culotte garance, et rester citoyen. Et parce que ces sous-officiers, dans le laisser-aller de l'amitié, épanchaient leurs pensées, leurs croyances avec Roquemaure, on voudrait en faire un crime à ce dernier!

Mais poursuivons les faits; arrivons au jour où auraient été faites les premières ouvertures de ce projet tendant à renverser le gouvernement. Roquemaure, accompagné de Boudet son écuyer, son Sancho Pança, se rend à Barbançon pour y chercher une selle : il trouve De Bieuvre qui se préparait à partir pour Avesnes; ainsi nous ne sommes pas venus l'arracher de la maison paternelle, l'entraîner avec nous. On se met en route; dans le trajet, Roquemaure, est-il dit, parle à De Bieuvre du terrible *branle-bas général*, pendant une de ces froides et pluvieuses journées d'hiver, au milieu des bourasques de décembre, par des chemins boueux et semés de fondrières. Et c'est dans une pareille journée que Roquemaure commence à parler de son projet! Mais quand on veut conspirer, ce n'est point sur une grande route qu'on tient un conciliabule : on descend de cheval, on choisit une chambre bien close où l'on s'enferme. On fit route ensemble jusqu'à Maubeuge; puis on se sépara; Roquemaure partit pour Landrecies; on devait se rejoindre à Avesnes. Nous ne devons pas oublier une circonstance qui aurait pu devenir importante à son tour, si le sort l'avait voulu. A Maubeuge, il y eut une petite conspiration gastronomique; De Bieuvre, dans un repas où se trouvaient plusieurs sous-officiers, leur servit entr'autres choses un plat de vers de sa façon, des vers assaisonnés de pensées démocratiques, de rimes anarchiques. Malheureusement le morceau fut assez peu goûté, il n'enflamma point les imaginations et la célébrité d'un complot n'échut pas à Maubeuge : c'était à la ville d'Avesnes qu'un pareil bonheur était réservé.

Nous ne nous arrêterons pas à toutes les minuties de l'accusation; nous irons vîte : sautons par-dessus tout ce mesquin et fragile échafaudage, pour arriver à ce repas révolutionnaire du 11 décembre. On a transformé ce banquet, une réunion bachique, en un complot attentatoire à la sûreté de l'état : prétendrait-on prohiber comme coupables, mettre en interdit les repas de corps, les repas offerts par l'amitié? La table, ce nous semble, a bien pourtant son mérite; demandez plutôt à M. Brias Savayrin, grave magistrat à la cour de cassation, qui a fait un traité spécial sur les plaisirs de la table. On peut donc innocemment s'amuser à une table d'amis, y divaguer même et poursuivre des songes à travers les fumées du Champagne. Cette Restauration enfin dont on a dit tant de mal, avait pourtant du bon en quelque endroit : elle permettait ces dîners où, au milieu des refrains de Béranger, on préludait aux combats électoraux. La Restauration laissait tranquillement nos députés couronner le jambon de Mayence ; on n'était point poursuivi comme un conspirateur pour chanter les chansons de Béranger qui étaient cependant des coups de bayonnettes acérées pour le régime de la Restauration. On ne traînait point au sortir de table, les convives chancelans encore, devant un tribunal pour appeler sur leurs têtes une condamnation. Eh quoi! serions-nous donc réduits aujourd'hui, après tant de combats pour nos libertés, à reconnaître qu'il y avait plus de tolérance sous la domination de la monarchie déchue !

On vous parle d'un complot formé pendant une orgie de table, étudions-le dans ses détails, dans ses moyens d'exécution; et je vous demanderai alors s'il est possible de reconnaître dans tout cela rien autre chose que l'absurdité la plus révoltante? D'abord est-ce dans une taverne tapissée d'oreilles qu'on va conspirer ! on choisit un endroit secret, non ouvert au premier venu. Puis quand on conspire, on s'aide au moins d'un homme à la voix puissante pour animer les conjurés pour aiguillonner et encourager les plus timides : je ne veux pas reprocher à De Bieuvre un défaut naturel; mais Sparta-

cus ne bégayait point quand il soulevait ses compagnons
contre la tyrannie de Rome. De Bieuvre choisi pour
haranguer les conjurés ! mais pour entraîner les soldats,
Roquemaure avait-il donc besoin d'un orateur de cette
trempe ? et puis prendre l'occasion d'un dîner pour
faire des propositions aux convives ; est-ce ainsi qu'on
procède pour conspirer ? Voulez-vous savoir comme
on conspire, je vais vous le dire : on parle à l'oreille
des soldats, sans témoins ; on les étudie en particulier ;
bientôt le faisceau se forme, une compagnie est gagnée,
puis le bataillon tout entier est séduit, et l'on dit alors :
allons, il est temps de marcher ! Mais qu'était-ce donc
que ce repas ? Roquemaure voulait que ce fût une fête
pour céléber l'arrivée d'un ami, un banquet fraternel
qui réunît toutes les opinions. Ah ! plût au ciel que tous
les Français fondissent leurs opinions pour s'embrasser !
puissions nous voir de patriotiques banquets rallier
toutes les croyances, tous les partis pour le bonheur de
la France ! Tel était le but de Roquemaure, c'est dans
cette intention qu'il invita même Corbet qu'il savait être
de l'opinion qu'on est convenu d'appeler *juste-milieu*.
Mais on a bien autrement envisagé ce dîner ; voyez plutôt comme procède l'accusation.

La veille du repas, sous prétexte d'aller à Tivoli, une
promenade a lieu hors des murs d'Avesnes, on en profite pour faire une reconnaissance des fortifications de
cette place ; pour s'assurer par où opérerait l'artillerie
de De Bieuvre, composée....... de deux pistolets ! Dans
cette promenade séditieuse, tout se décide, on se tient
bras-dessus bras-dessous, on se parle à voix basse, on
concerte avec mystère un plan d'insurrection ; on ar-
rête qu'on agira dès le lendemain.

Redoublez maintenant d'attention, messieurs, s'il
vous plaît ; nous arrivons à la péripétie de ce drame
formidable : le moment de la conspiration approche, il
est venu, elle va éclater !... la conspiration !.. Voici les
conjurés qui s'avancent. Déjà la soupe incendiaire bouil-
lonnait dans la marmite de Buisseret ; déjà les casserol-
les républicaines s'agitaient sur les fourneaux, le long
des murailles ; et l'on invite le juste-milieu Corbet, un
grec dans les remparts de Troie ! — Mais, dit l'accusa-

tion, Corbet n'est point entré. Soit; mais qui l'a empêché? les sous-officiers ont dit que la présence de Corbet leur déplaisait; voilà tout le motif de son exclusion, motif tout étranger à la politique. Maintenant, puisque nous avons pénétré dans l'antre de la révolte, dans cet arsenal séditieux où sous chaque plat couve le feu de la guerre civile; examinons quelques uns des personnages choisis pour conspirateurs. D'abord s'offre à nos regards un Dupont, bottier : est-ce donc lui qui devait changer les *formes* du gouvernement? fameux conspirateur! bon tout au plus à faire *marcher* ses pratiques. Dupont conspirer! mais je défie tout le monde de faire comprendre une conspiration à cet homme qui est venu estropier des faits, dire qu'il n'avait pas fait grande attention, qu'il n'avait rien compris au repas. Puis vient Boudet, habituellement entre deux vins, qui a vu dans ce dîner bien plus une affaire de manger et de boire qu'un complot : je ne vous parlerai pas de Zambeaux qui était parfaitement ivre. Quant à De Bieuvre, pour se préparer à agir, à opérer le mouvement insurrectionnel, il avait déjà goûté chez Meurant le délicieux verre d'absinthe qu'il avait reçu de la main des grâces. Mais en allant au repas, il avait en poche des pistolets : que voulez-vous, il en porte toujours pour sa consommation. Il fait tâter ses pistolets à Périand : voilà, lui dit-il, pour arranger ceux qui s'aviseraient de tergiverser. Singulier argument en vérité, et fort persuasif! Comment! mettre le pistolet sur la gorge à des conspirateurs pour les exciter à marcher! Puisse Dieu ne nous envoyer jamais d'autres conspirateurs; et le repos de la patrie sera peu en danger d'être troublé.

Vers la fin du diner, De Bieuvre aviné prend la parole et débite des sottises, dignes de faire hausser les épaules à tous les hommes de bon sens que, Dieu merci, la France possède encore en assez grande majorité. De Bieuvre propose de s'emparer d'Avesnes : eh bien! lui répond Roquemaure, quand tu prendrais la ville avec tes deux pistolets dans ta poche, insensé qu'en ferais-tu? Vous voyez Roquemaure s'opposant de suite aux absurdes projets qu'on avance. De Bieuvre annonce aux convives qu'un complot doit éclater à Paris le 15 ;

qu'il faut pour le faciliter, opérer un mouvement à Avesnes, qu'un capitaine doit marcher avec sa compagnie, ainsi que 200 hommes de la garnison ; qu'il a mission des républicains de Paris pour leur faire ces propositions. Voilà sans doute le propos le plus incendiaire qui fut tenu au repas : eh bien ! Roquemaure se lève alors, interpelle De Bieuvre le presse, et après l'avoir mis au pied du mur (passez moi cette expression triviale), il le traite de *menteur*. On a dit qu'il aurait dû employer le langage, l'influence de l'amitié pour ramener De Bieuvre. Mais si Roquemaure avait alors, d'un ton doucereux, engagé De Bieuvre à aller se coucher pour cuver son vin ; l'accusation n'aurait pas manqué de dire : vous voyez, Roquemaure se concertait avec De Bieuvre ; il n'a pas repoussé avec énergie ses propositions coupables. Cependant De Bieuvre, si violemment apostrophé par Roquemaure, lui répond : tu es un lâche ! — C'est-à-dire, tu n'as pas le cœur de me suivre, d'embrasser mon projet : car si Roquemaure avait été son complice, De Bieuvre lui eût dit : tu es un fourbe, tu me trahis, tu n'es qu'un misérable. Dans la scène du duel, vous avez dit qu'un remords de conscience avait arrêté Roquemaure, prêt à tirer sur De Bieuvre : mais ici vous êtes en contradiction avec vous-même, car vous avez déclaré que pour échapper aux révélations de De Bieuvre, Roquemaure avait cherché par des conseils et des avertissements à le faire sauver en Belgique. Or, pour se débarrasser d'un complice, pour s'assurer de son silence et prévenir ses indiscrétions, on pouvait l'envoyer en un lieu bien plus sûr que la Belgique où l'extradition est permise : il n'y avait qu'à mettre le doigt sur la détente,.. faire paff !.... Mais Roquemaure a voulu épargner la vie d'un homme qu'il avait traité en ami. Du reste, loin de penser que Roquemaure l'eût fait avertir de passer la frontière, De Bieuvre était persuadé que c'était lui qui l'avait livré à la justice. On a étrangement dénaturé la visite de Roquemaure chez le colonel du 6ᵉ : il voulait éclairer la conscience du colonel, préserver les sous-officiers de la dégradation militaire, de la perte de leurs galons ; voilà tout le but de sa visite.

Et cette criminelle promenade à Tivoli! ce n'était qu'un prétexte, a-t-on dit, pour reconnaître les fortifications d'Avesnes; on voulait s'assurer de cette place importante, savoir si du plateau de Saint-Hilaire on pouvait lancer des obus et des boulets sur Avesnes. Mais avant tout, il fallait de l'artillerie, des munitions; et je ne vois pour tout et partout que les deux pistolets de De Bieuvre, douze cartouches et douze balles. A l'occasion de cette promenade, De Bieuvre vient vous débiter des fables dignes des Mille et une Nuits; il veut faire croire à un complot qui, parti d'Avesnes, aurait du retentissement dans toute la France; un complot qui donnerait le grade de colonel à tous les conjurés, à tout le régiment; superbe régiment ma foi! un complot par lequel on s'en irait à la Guadeloupe, oui, sur des vaisseaux fournis par.... le Tout-Puissant; on irait délivrer ces malheureux noirs, on enverrait des ambassadeurs notifier cette heureuse nouvelle... et cœtera. Absurdité! et l'on soumet de pareilles sottises aux graves débats d'une cour! ah! grâce, messieurs, pour le bon sens, grâce pour la justice; car la justice ne peut pas être absurde. Que prétendez-vous tirer de la concordance des dépositions de De bieuvre? Cette concordance, c'est l'absurdité : il est une chose qu'on veut bien faire en France, c'est de se faire tuer par les hommes; mais personne ne veut se suicider par le ridicule; De Bieuvre a une imagination qui l'égare. Si vous en croyez son témoignage, Roquemaure serait un homme digne du plus profond mépris : cependant les sous-officiers font cause commune avec nous dans la prison, ils nous embrassent au sortir de la prison d'Avesnes. Et vous le savez! si Roquemaure eut été un fourbe, un tartufe, comme le dit De Bieuvre, la loyauté, la franchise des militaires, le sentiment de l'honneur si naturel dans l'armée eussent porté les sous-officiers à repousser un homme aussi vil que Roquemaure, au lieu de l'accompagner avec des larmes, à son départ pour la cour d'assises.

Nous dirons peu de mots sur le point de droit; en attendant voici un petit conseil de M. Dumont, homme doctrinaire; on voit que je puise aux bonnes sources :
« Il importe, dit-il, de réserver les accusations de com-

plot pour les grandes occasions où le but de l'attentat est manifeste. » Jamais peut-être M. l'avocat-général ne pourra dépenser plus utilement que dans ces grandes occasions, les phrases sonores et majestueuses qu'il vient de nous faire entendre. J'aborde la question de droit : qu'est-ce qu'il faut pour établir, constituer un complot comme celui dont on nous accuse ? Il faut quatre conditions : un projet bien déterminé, non un projet vague ; un pacte d'association, une association bien établie, où l'on rencontre unité parfaite de volonté entre les conspirateurs, unité entière, définitive ; il faut une résolution d'agir bien arrêtée, de sorte qu'il n'y ait plus qu'à passer aux actes ; enfin que l'association ait pour but les crimes énoncés par les articles 87, 89 et 91 du code pénal. Si l'on diffère sur le but, les conditions, les fonctions à remplir ; si les associés sont divisés sur les moyens, si les volontés flottent irrésolues, le pacte n'existe pas, la société n'existe pas ; et par suite il n'y a point *complot* punissable. Or je vous le demande, à vous, hommes de bon sens, trouvez-vous la réunion de toutes ces conditions et circonstances dans le complot d'Avesnes ? un complot où l'on se dispute, où l'on se jette des bouteilles à la tête ; où les conjurés sont plus prêts à tomber sur les planches qu'à marcher pour agir ! Et puis où est la tentative ? y a-t-il commencement d'exécution au milieu des coups de fourchette ? Dites-moi !… ma tête se perd, quand je veux découvrir dans l'orgie d'Avesnes ce qu'a voulu y voir l'accusation.

On dit encore qu'il y a ici *attentat contre la sûreté de l'état* : c'eût été vraiment un beau spectacle, un vaudeville, peut-être, que la conspiration d'Avesnes, traduite devant la haute et grave chambre des Pairs ! Le principal auteur de l'attentat, c'est De Bieuvre ; et on nous accroche à cet attentat, on nous rend complice. Quoi ! Roquemaure ? mais c'est lui qui a fait rentrer les paroles dans la gorge de De Bieuvre ; c'est lui qui l'a traité de menteur ; c'est lui qui a repoussé à coup de bouteille les propositions de De Bieuvre. C'est une chose qui ne supporte pas l'examen que cette prétendue complicité. De Bieuvre a fait des aveux ! mais doit-on croire sur parole, à la légère, un jeune homme qui se dit dégoûté de la vie ; qui veut se suicider peut-être avec le glaive des lois ? On nous oppose des témoins : Zambeaux a seul perdu ses galons, on le croira ; et on ne croira pas de braves militaires qui ont résisté à la voix de la séduction ; on leur préférera Zambeaux qui a reçu ici, devant la cour, un démenti de la bouche virginale de Julie Malère, d'une jeune fille timide et pleine de candeur ! M'opposerez-vous Dupont, un pareil témoins? peut-on avoir confiance en ses dépositions estropiées?

L'accusation marche, non de plus fort en plus fort, mais de plus faible en plus faible ! après l'attentat, on parle de délit résultant d'une calotte rouge posée sur une bouteille. Mais que dire des dépositions de Zambeaux et de Mme Meurant ? De Bieuvre est leur ami, lui l'ennemi mortel de Roquemaure ; vous l'avez vu invité, venir dîner chez Meurant. Nous avons aussi nos témoins, des témoins bien aussi croyables : trois sous-officiers ont attesté devant vous qu'il était physiquement impossible que Roquemaure, de sa place, prit la calotte sur le lit. M. le président a dit qu'on avait *pu* la lui passer : sans doute, mais ce qui est *possible* n'est pas un fait avéré. Quoi! on a dit alors: voilà le bonnet de la république ! Et bien ! ce bonnet, c'est un bonnet historique : et puis on a bu à l'amitié ; est-ce là un crime! On était réuni, on buvait à ses amis, à ses *frères*: vous traduisez ce mot par *républicains*, ça vous plaît ainsi ; je ne m'y oppose pas ; mais c'est à mon avis, une santé bien innocente que la santé fraternelle.

Ne nous opposez pas la loi de 1835, cette loi a voulu punir, frapper la presse seule, empêcher cet immense porte-voix de s'étendre dans le monde entier ; mais elle n'est point descendue jusqu'a vouloir atteindre des propos de cabaret. Car si les employés de la police s'amusaient à relever ces propos d'estaminet, chaque soir ils reviendraient avec leurs carnassières gonflées et pleines de procès-verbaux. Nous avons fait, dit-on, l'apologie du régicide, au café Meurant, devant MM. Isidore Lebeau et Dineux. D'abord, M. Lebeau a déposé avec beaucoup d'abandon, et nous devons croire son témoignage, puisqu'il a déclaré lui-même avoir été consulté par De

Bieuvre. Quand à Dineux, c'est encore un ami de De Bieuvre; Dineux a d'ailleurs eu des propositions de duel avec Roquemaure ; nous sommes loin de prétendre que cela ait pu influencer le témoin. On nous accuse d'avoir tenu des propos criminels, relatifs à un attentat contre la personne du roi. Veuillez écouter ce que je vais vous lire : « Rien ne rend le crime de lèse-majesté plus arbitraire que quand des paroles indiscrètes en deviennent la matière. Les discours sont si sujets à interprétation... que la loi ne peut guère soumettre les paroles à une peine capitale, à moins qu'elle ne déclare expressement celles qu'elle y soumet. Les paroles ne forment point un corps de délit; elles ne restent que dans l'idée. La plupart du temps elles ne signifient point par elles-mêmes, mais par le ton dont on les dit. Souvent en redisant les mêmes paroles on ne rend pas le même sens ; ce sens dépend de la liaison qu'elles ont avec d'autres choses.... Il n'y a rien de si équivoque que tout cela : comment donc en faire un crime de lèse-majesté ? Partout où cette loi est établie, non seulement la liberté n'est plus, mais son ombre même. » C'est ainsi que s'exprime Montesquieu, sur les paroles indiscrètes ; l'immortel auteur de l'esprit des lois portait déjà au dix-huitième siècle, le deuil de la liberté. —Dans un livre dédié à M. de Broglie, ce père de la Doctrine, M. Rossi, professeur à la faculté de droit de Paris, s'élève aussi contre le danger d'inscrire au catalogue des crimes, de simples paroles. Voilà l'importance que ces hommes de science attachent aux paroles: en donnerez vous une plus grande à de purs rapports de paroles, plus ou moins exacts? Roquemaure n'a pas fait l'apologie de l'assassinat: nous détestons l'homicide, nous n'absolvons pas plus le poignard de Louvel que celui de Charlotte Corday. Roquemaure a voulu seulement dire que l'action d'Alibaud valait mieux que celle de Fieschi, descendu au rang d'espion de la police : peut on en effet comparer Alibaud à Fieschi, à Louvel? On a altéré le sens des paroles de Roquemaure ; Dineux, occupé à jouer, peut n'avoir pas bien entendu, nous ajoutons peu foi à son rapport. La mémoire de M. Isidore Lebeau a pu être infidèle ; d'ailleurs il n'apportait qu'une attention distraite à la conversation de Roquemaure : M. Lebeau, tout honorable qu'il est, peut-être doué d'une mémoire où les choses ne se gravent point en lettres de bronze.

Au surplus examinons la loi de 1835 : pour qu'il y ait délit, il faut que les propos incriminés aient été tenus dans un lieu public ; or un propos peut-être tenu dans un café sans l'être pour cela dans un lieu public. Le café, voyez-vous, c'est le salon des gens de la classe secondaire et de beaucoup de bourgeois même aisés ; c'est le lieu où ceux qui n'ont point les ressources du beau monde, viennent se former en comités, en petits cercles. Quand on se dit, dans ces petits comités, des choses relatives à la politique, on ne se rend pas coupable du délit prévu par la loi. Bien plus, on pourrait même faire au coin de son feu l'apologie d'Alibaud, sans que le ministère public y eût rien à faire ; je ne dis pas pour cela que ce serait bien. Ainsi en étudiant la loi dans ses motifs, on voit qu'elle a seulement voulu punir les gens qui viennent pérorer dans les cafés ou lieux publics, parler à tous les assistants, comme dans les *hustings* d'Angleterre.

Un avocat-général à la Cour de cassation, M. Parant, la sévérité incarnée (on voit que je m'entoure de graves autorités), M. Parant a bien voulu octroyer aux cafés cette licence dont je parlais tout à l'heure. « Celui qui, en parlant, n'a eu l'idée que de dire une chose en confidence, et non de s'adresser au public ; celui-là, dit-il, ne commet pas le délit prévu par la loi.» —Il faut, aux termes de la loi même, *proférer* des discours, des paroles : or *proférer*, c'est parler publiquement, à haute voix, et non vous dire un mot dans le tuyau de l'oreille. La Cour de cassation a aussi décidé qu'il fallait que, d'après l'intention et l'énergie du discours, apparût clairement le projet de l'orateur d'exciter à la sédition ; qu'il ne suffisait pas que des propos eussent été tenus dans une auberge ou autre lieu public pour être incriminés. La loi en effet ne punit point la matière, mais l'esprit ; il faut donc que le péroreur s'adresse à la multitude, et dans le but de l'émouvoir.

Cependant pour toutes ces minuties, pour toutes ces misères de l'accusation que je viens de combattre, voilà que depuis quatre mois entiers, on fait languir dans une prison un malheureux père de famille, ce tigre que sa femme vient pourtant visiter, malgré tant de mauvais traitements dont elle a été, dites-vous, accablée; et si elle vous avait dit comme la femme Sganarelle; il me plaisait, moi, d'être battue ! Vous ministère public, vous n'auriez certes rien à dire. Aujourd'hui le commerce de Roquemaure est ruiné; sa seule pensée est de faire honneur à ses affaires, laissées à l'abandon pendant toutes les entraves de cette longue et triste procédure. N'est-ce donc pas quatre fois de trop pour de pareils faits que cette ruine, ces quatre mois de détention préventive de Roquemaure, ce ridicule attaché comme un stigmate à son nom, depuis cette conspiration d'Avesnes? Vous nous avez enlevé grade, commerce, santé, considération; nous ne vous demandons rien que la liberté, et le jury nous la rendra!

M⁰ Danel, avocat de De Bieuvre, a la parole ensuite, et développe ainsi ses moyens de défense.

Messieurs, le plaidoyer éloquent que vous venez d'entendre, me laisse peu à faire maintenant : car si mon confrère et moi, nous sommes en opposition quant aux faits de la cause, nous nous accordons toutefois pour repousser l'accusation dans toutes ses parties. Je m'étendrai peu sur les faits relatifs à De Bieuvre qui est venu tout avouer lui-même devant vous. Que De Bieuvre soit une tête exaltée, que son imagination l'entraine dans des écarts, qu'il s'adonne aux liqueurs fortes, tout cela est vrai : mais ce qui est vrai aussi, ce qui est évident, c'est que De Bieuvre n'a été qu'un agent secondaire, poussé, mis en avant par Roquemaure qui l'a abandonné ensuite, en ne voyant pas de chance de succès.

On vous a montré Roquemaure comme un dénonciateur de De Bieuvre : il a cherché à faire retomber sur mon client toute la responsabilité. De Bieuvre est prévenu, averti d'avance de son arrestation, on lui conseille de fuir; il répond : je resterai. Arrêté, il dit : si je suis ici, c'est par la faute de Roquemaure et de ses acolytes. On l'interroge, et il avoue tous les faits. Jamais je n'ai vu un accusé se livrer avec tant de facilité, déposer avec tant de franchise : en accusant Roquemaure, De Bieuvre s'accuse lui-même, il aggrave lui-même sa position ; comment ne point croire alors à la sincérité, à la vérité de ses aveux ! Quand De Bieuvre me confia la défense de sa cause, je lui dis au milieu de cette intimité qui règne entre un accusé et son conseil : « si vous avez cédé à la voix de l'animosité ou de la haine en chargeant Roquemaure, il faut céder maintenant à la voix de l'honneur. » De Bieuvre cependant resta ferme dans les mêmes aveux ; toujours il a persisté dans les mêmes déclarations ; nulle part vous ne le trouvez en défaut, en contradiction avec lui-même. Il me serait pénible d'aggraver la position d'un co-accusé, mais l'intérêt de mon client m'impose le devoir de n'omettre rien de ce qui peut être favorable à sa cause.

De Bieuvre était inconnu aux sous-officiers d'Avesnes ; il arrive dans cette ville, nullement animé d'un esprit de propagande : Roquemaure a été le chercher à Barbançon et l'a emmené à Avesnes pour la représentation d'un drame. C'est Roquemaure qui a présenté aux sous-officiers De Bieuvre comme un ami; auparavant il leur avait souvent parlé de De Bieuvre. Qui a été le principal auteur du banquet ? c'est Roquemaure : qui l'a présidé ? c'est Roquemaure : qui a recommandé qu'on ne laissât entrer personne, qui a donné des ordres pour renvoyer Corbet ? c'est Roquemaure; c'est toujours lui que vous voyez en évidence et tout diriger. Je pense que dans ce repas on voulait tâter seulement les sous-officiers; voilà pourquoi d'abord on avait invité Corbet, mais vu la froideur de ses opinions, on l'écarta. Je ne vous rappellerai point tous les détails du repas : ce qui frappe de mort l'accusation, c'est l'absurdité de l'acte prétendu complot : le ridicule a tué cette singulière affaire, appelée *la conspiration d'Avesnes*.

En matière de complot, il n'est pas besoin de tentative, d'actes commis ou commencés pour en préparer l'exécution : toutefois dans l'affaire d'Avesnes on ne rencontre aucun des caractères constitutifs du complot,

suivant la définition de la loi pénale. Il faut que la résolution d'agir soit concertée et arrêtée : or ici, tous les
prétendus complices, tous les membres sont divisés ; il
n'y a pas d'harmonie entr'eux. Est-il possible de voir
un complot dans une réunion où le temps se passe à boire et à chanter? peut-on voir des conspirateurs dans des
individus qui, tous ou du moins la plupart complète-
ment ivres, roulent sous la table ou chancellent sur
leurs jambes, tiennent des propos incohérens et font
des propositions bien plus insensées que coupables?
Non ; le bons sens répondra toujours non. — La loi de
septembre 1835 a été faite uniquement contre la presse ;
pour s'en convaincre il suffit de lire l'intitulé de cette
loi et les rubriques des titres dont elle est divisée : le
législateur n'y a pas manifesté l'intention de poursuivre
par voie d'incrimination de simples propos. Sans doute
dans un gouvernement constitutionnel on ne peut élever
d'autre drapeau que celui de l'état ; on ne peut déployer
ni le drapeau blanc ni élever sur une pique le bonnet
phrygien : mais qu'un homme ivre crie dans la rue ; à
bas Louis Philippe ! vive la république ou Henri V !,
ira-t-on lui appliquer la loi de Septembre? De plus la
loi exige de la *publicité* dans les provocations : or ,
au repas nous étions à huis-clos ; on ne voulut laisser
entrer personne, le public était exclu. Ira-t-on ensuite
assimiler les absurdes propos de quelques convives
avinés aux provocations graves et approfondies de la
la presse, des journaux qui s'impriment en si grand
nombre, qui s'adressent à dix ou vingt mille abonnés?

On a parlé d'un projet de meurtre du colonel de la
garnison d'Avesnes ; mais il y a loin d'une parole im-
prudente à un fait ; il y a loin du cœur d'un honnête
homme au poignard de l'assassin. Croyez-vous que De
Bieuvre ait pu dire, jouissant de sa raison, qu'il se
chargeait de tuer le brave colonel du 6° de ligne? De
Bieuvre n'est point un homme sanguinaire, quoiqu'on
ait voulu lui donner la passion des duels. De Bieuvre
partage le superbe dédain que beaucoup de personnes
éprouvent pour la caste malheureuse des *épiciers :* par
suite d'une discussion politique, il eut un duel avec
Berthier qui avait été épicier lui-même. Après avoir

essuyé le feu de De Bieuvre, Berthier refusa de tirer
sur son adversaire, ce qui est honorable et beau, surtout pour un épicier. On a fait un crime à De Bieuvre
d'une pièce de vers, faite, dit-on, en l'honneur d'A-
libaud. Vous connaissez le caractère emporté de De
Bieuvre et ses opinions; sa pièce n'était qu'une boutade
en réponse à d'autre vers d'un poète ministériel,
suivant la manière de voir De Bieuvre. Sa verve s'exer-
çait toute contre ce poète et ne s'étendait nullement en
éloges sur Alibaud: De Bieuvre conseillait seulement de
respecter la mémoire d'un homme qui était mort pour
son opinion, après avoir été condamné et frappé par
le glaive des lois. — Mais revenons à l'objet principal
de l'accusation : De Bieuvre est impliqué dans l'affaire
qu'on devrait nommer plus justement *l'orgie* que *le
complot d'Avesnes* ; nous l'espérons, vous ne tiendrez
pas compte de propos de gens ivres. De Bieuvre n'a
que vingt-quatre ans, il a été entraîné par la boisson
et l'exaltation de son caractère ; vous le rendrez à la
société, pour laquelle il pourra utiliser encore les
moyens que lui a donnés la nature: De Bieuvre ne verra
pas fermer sur son avenir les portes d'une prison, il
sera rendu à sa mère et à la société.

M. l'avocat général Hibon, se lève pour répliquer :

Ce ne sont pas, messieurs, les véritables amis du
gouvernement qui tâchent de tourner en ridicule des
faits graves. Nous concevons que la défense, par une
tactique naturelle à sa position, cherche à sauver les
prévenus par tous les moyens imaginables, et à vous
présenter les faits comme indignes de fixer votre attention; comme absurdes. Mais ce qui nous surprendrait,
c'est que des gens de bons sens pussent être dupes de
ces manœuvres, et croire que l'accusation tâche
d'atteindre une chimère. Nous ne cacherons pas non
plus qu'une chose nous a blessé; c'est que des rires
indécens aient accueilli les plaisanteries du défenseur
et ses bons mots plus ou moins heureux : nous avions
besoin de décharger notre cœur du poids qu'il portait.

M. le colonel du 6ᵉ a bien jugé, dit-on, l'affaire, en
l'appelant une orgie, en la regardant comme peu grave :
c'est que d'abord, il ignorait toutes les circonstances,

les menées ; de plus les paroles de Roquemaure en vantant la conduite *admirable* des sous-officiers, étaient pour le colonel des garanties sur les bonnes dispositions de son régiment. Mais l'opinion du colonel changea bientôt quand il fut mieux informé ; il dit alors que l'affaire était absurde quand à la manière d'arriver à des résultats, mais que ce n'en était pas moins une entreprise des plus criminelles. — On a dit que nous reprochions à Roquemaure d'avoir pris part à la révolution de Juillet : jamais nous ne lui avons fait ce reproche ; il a été facile de s'étendre sur un terrain où nous ne nous étions pas avancé. Nous avons reproché à Roquemaure, son insubordination, son peu de moralité. Nous n'avons pas dit : Roquemaure est un républicain ; donc il faut le condamner : nous ne poursuivons pas les opinions seules, mais bien le fait de les produire devant tous ; car un gouvernement ne peut vivre s'il est libre à tous les partis qui veulent sa ruine, de naître et de grandir dans son sein. Ce n'est donc pas la pensée de Roquemaure que nous avons incriminée, c'est la manifestation publique de cette pensée. On a lu des certificats favorables sur la moralité de Roquemaure; ils peuvent être plus ou moins exacts: mais voici comme s'exprime dans une lettre M. le procureur du roi d'Avesnes à qui je demandais des renseignemens : « Les mauvais traitemens de Roquemaure envers sa femme, nous dit-il, ne sont pas un mystère ; elle est venue à diverses reprises se plaindre au parquet, et M. le président s'est interposé plusieurs fois pour faire de sages remontrances à Roquemaure et le ramener à de meilleurs procédés envers sa femme.

On a parlé d'ouragan, de tempête, qui auraient empêché Roquemaure de se rapprocher de De Bieuvre sur la route de Barbançon, et de lui faire des confidences sur le projet : mais tout cela n'est qu'une belle amplification du défenseur. En vain on vous a dit que la présence de Boudet était d'ailleurs un obstacle; qu'un tiers gênait trop pour parler de conspiration ; Boudet était ivre, souvent éloigné d'eux ; il resta même en arrière pendant un quart d'heure près de Cousolre. On a dit: De Bieuvre est le pivot de l'accusation, c'est une position forcée puisqu'il n'y avait que deux membres dont l'un nie tandis que l'autre avoue : mais pourquoi le premier serait-il plutôt cru que le second ? On conçoit l'intérêt de Roquemaure à nier ; mais comment De Bieuvre par ses aveux chercherait-il à attirer sur sa propre tête une condamnation ? On dit que De Bieuvre était toujours ivre : comment donc Roquemaure faisait-il son ami d'un tel personnage ? Comment l'a-t-il présenté aux sous-officiers d'Avesnes, comme un homme digne de soutenir leur cause ; comme cet honorable ami dont il leur avait parlé si souvent. On a dit que rien n'était plus innocent qu'un dîner : nous n'avons pas incriminé la banquet, mais le fait qu'on y avait développé. On a été si loin contre De Bieuvre qu'on a osé lui reprocher le défaut d'un organe, un défaut naturel, son bégaiement ; on a plaisanté sur le choix d'un pareil orateur pour haranguer des conjurés ; nous ne répondrons pas à de tels arguments. On a représenté Roquemaure comme s'opposant le premier aux projets de De Bieuvre : l'opposition de Roquemaure au repas n'était qu'une feinte, une chose arrêtée d'avance, une convention. D'ailleurs ce propos de Roquemaure, *que ferais-tu de la ville, insensé!* est-ce là de l'opposition ? C'est une réponse toute simple. Mais en outre, Roquemaure n'a-t-il pas dit lui-même qu'*il ne serait pas nécessaire de tuer le colonel, qu'il suffirait de s'emparer de la ville, si on en avait besoin?* L'épithète de *menteur*, qu'on a fait sonner si haut, a été le dernier mot de Roquemaure ; alors on est sorti, on s'est retiré : point d'opposition de la part de Roquemaure avant ce mot de *menteur* ; ainsi il avait donc approuvé tous les projets de De Bieuvre, développés avant qu'il arrivât à ce mot insultant. On dit que ce n'est point Roquemaure qui a entraîné De Bieuvre : comment! que signifie donc ce mot *lâche*, proféré alors par De Bieuvre contre son complice ? On ne peut que le traduire ainsi : tu m'avais entraîné, tu m'avais mis en avant, puis tu m'abandonnes sur le bord de l'abîme où tu m'as poussé! tu es un lâche. Voilà, selon nous, le sens de la réponse de De Bieuvre ; c'est le seul sens raisonnable admissible dans l'état des choses. Dans un moment d'insulte, on ne répond point par de longs discours ; on répond par un mot : il n'était pas besoin, comme l'a prétendu le défenseur, de reprocher à Roquemaure sa conduite fausse, sa perfidie ; un mot suffisait, ce mot *tu n'es qu'un lâche*, expliquait tout.

En vain on dit qu'il n'y a pas eu tentative ni commencement d'exécution : à quoi a-t-il donc tenu que le sang n'ait pas été versé ; qui donc aurait empêché De Bieuvre de tuer le colonel, s'il avait rencontré de l'adhésion au projet dans les sous-officiers? Les dix hussards de Vendôme avaient-ils plus de chance de succès dans l'auberge de la Tête-Noire, que Roquemaure à Avesnes? La similitude est frappante ; et à Vendôme un chef a été immolé. En vain on cherche à sauver le principal accusé ; on veut arguer du dévouement des sous-officiers pour Roquemaure à sa sortie de la prison d'Avesnes, à son départ pour la cour d'assises : Roquemaure a pu tromper ces militaires avec ses paroles adroites, avec cet accent de conviction qu'il sait si bien prendre. — Mais, dit - on, il n'y a pas ici de complot suivant la loi : nous sommes d'accord avec les défenseurs en certains points, quant aux conditions nécessaires pour constituer un complot en général ; mais nous différons en d'autres points essentiels. Les matières politiques ont amené et consacré une exception ; ainsi ce n'est pas comme dans tous les autres cas prévus par le Code pénal, un *acte* que punit ici la loi, c'est la *volonté ;* aux yeux du législateur la volonté, en ces matières, a été placée sur la ligne des crimes. Quand il s'agit des cas prévus par les articles 85 et 87, le crime alors commence et existe déjà dans la seule pensée résolue d'agir, à la différence des autres crimes ; c'est qu'un crime privé ne met pas un Etat en danger. Nous soutenons donc que dans l'espèce le complot existe ; il y a eu résolution d'agir concertée et arrêtée. Roquemaure en allant à Tivoli, dit à De Bieuvre : Voilà mon plan ; nous établirons la république au moyen d'un mouvement opéré à Avesnes ; et De Bieuvre répond : j'adopte ce projet. Voilà donc le pacte d'association formé. Dans le trajet pour se rendre chez Buisseret, Roquemaure charge De Bieuvre de faire des proposi-

tions insurrectionnelles au repas, et De Bieuvre ac-
cepte : la résolution est concertée. Le port des pistolets
au dîner par De Bieuvre, n'est-il pas encore un indice
de la résolution arrêtée d'agir ? C'était pour tuer ceux
qui tergiverseraient ; c'était pour tuer le colonel du 6me.
La divergence entre De Bieuvre et Roquemaure n'a
éclaté qu'au moment où Roquemaure a vu que le projet
de conspiration n'était pas embrassé par les sous-officiers.

On a cherché à vous inspirer de fâcheuses préven-
tions contre les témoins dont les dépositions, acca-
blantes pour les prévenus, venaient renforcer l'accusation. Ainsi Dupont, suivant le défenseur de Roquemaure, est un sot, un homme incapable d'avoir une
opinion politique, on ne peut croire à sa déposition.
Oh ! si, Messieurs, vous y ajouterez foi ; car Dupont
est un homme en relation d'amitié avec Roquemaure,
auquel il offrit un jour un déjeûner chez le restaurateur Lambret : c'est Roquemaure qui invita lui-même
Dupont au repas du 11. — Dans la scène du café
Meurant, trois sous-officiers ont dit qu'un bonnet rouge
avait été placé sur le goulot d'une bouteille, mais qu'ils
ne savaient point par qui ; on n'a pas nié le placement du
bonnet. Mme Meurant a affirmé, elle, avoir vu Roquemaure poser lui-même son bonnet rouge sur une bouteille ; le sous-officier Zambeaux a déclaré la même
chose. Alors on essaie par des insinuations perfides à
affaiblir l'effet des parolos de Mme Meurant ; on vous
montre cette dame comme faisant une déposition
légère et dictée par quelque motif secret. On dénigre
également le témoignage de Zambeaux qu'il faut
aussi repousser. Puis on s'attache à atténuer la culpabilité des mots proférés alors par Roquemaure ; rien
n'est plus vague, vient-on alléguer ; Mme Meurant ne
sait si elle a entendu dire au sujet du bonnet rouge :
Voilà le bonnet de la république ou *vive la république!* Peu importe, l'un des deux propos a été tenu,
choisissez ; ainsi en adoptant le système le plus favorable à la défense, nous prendrons le premier propos,
laissant de côté le second, bien que beaucoup plus coupable. Sans doute ce mot seul, *voilà le bonnet de la*

république, serait de peu d'effet, ainsi isolé ; mais il devient coupable et il exprime une adhésion manifeste, quand devant cet emblême séditieux on porte les toasts : *à l'amitié ! à nos frères ! aux patriotes ! à la santé des républicains ! c'est à la vie et à la mort !* — Passons à l'apologie d'Alibaud dans le café Meurant : on suit encore ici le même système contre les témoins. M. Isidore Lebeau, le défenseur voudra bien nous l'accorder ici, est un homme auquel on n'a rien à reprocher ; et le caractère honorable d'un avocat qui connaît toute la portée du serment, ne permet pas d'élever des doutes sur son témoignage. Toutefois on a voulu atténuer sa déposition en attaquant sa mémoire plus ou moins fidèle. On voudrait insinuer aussi que Roquemaure ne parlait point sérieusement, que c'était une conversation légère : mais quand M. Lebeau repoussa les idées de Roquemaure, celui-ci lui a-t-il répondu par une plaisanterie ? Non ; il a dit : *Je vous parle du fond du cœur ;* loin de s'indigner contre un pareil attentat, comme tout homme d'honneur doit le faire devant l'odieux rôle d'assassin. On prétend que Roquemaure s'exprimait en confidence : mais ses propos ont été entendus même par des gens occupés à jouer aux dames sur un autre point du café ; donc ces mots, *l'action d'Alibaud est sublime, etc.*, n'étaient point confidentiels ; ils ont été proférés à haute voix, de manière à être recueillis par le public. On a cherché à vous rendre suspect Dineux qui vous a aussi rapporté ces mots ; mais dans la vie et la conduite de cet huissier, on ne trouve rien qui puisse atténuer ou faire reprocher sa déposition.

Maintenant examinons la défense de De Bieuvre dont les aveux nous laissent peu à dire. De Bieuvre volontairement déclare avoir agi de concert avec Roquemaure ; il aggrave sa propre position en avouant un complot : se perdrait-on de gaîté de cœur pour en perdre un autre ? Non, cela n'est pas possible. Mais, nous objecte-t-on, une preuve qu'il n'y avait point concert entre les deux accusés, c'est que Roquemaure entendant De Bieuvre parler d'un capitaine carbonaro qui devait marcher avec sa compagnie, l'a vivement pressé de nommer ce capitaine, et l'a traité de *menteur*. Nous répondons que ce n'est point là une preuve : De Bieuvre a parlé, comme il vous l'a dit lui-même, d'un capitaine carbonaro, pour donner le change à Roque-maure, quand il se vit abandonné par cet homme qui lui avait dicté et tracé sa conduite ; qui lui avait prescrit de s'annoncer comme membre de la section Danton et de la Société des droits de l'homme, et comme chargé d'une mission par les républicains de Paris. — On a dit que la loi du 9 septembre 1835, avait voulu atteindre la presse, mais non de simples discours : M. Paraut qu'on a invoqué tout-à-l'heure, s'exprime autrement à ce sujet ; la loi elle-même s'oppose au système du défenseur. Ouvrons la loi ; nous y verrons en effet que « Toute provocation par l'un des moyens énoncés en la loi du 17 mai 1819, aux crimes prévus par les art. 86 et 87 du Code pénal, soit qu'elle ait été ou non suivie d'effet, est un attentat à la sûreté de l'Etat. » Or la loi de 1819 dit tout d'abord, article 1er : « Quiconque par des discours, des cris, etc., » donc le législateur a voulu atteindre les discours ; le texte de la loi est ici positif et formel. Mais, dit-on encore, ce sont des propos d'ivrogne : sans doute il n'y a point attentat dans les propos d'un homme ivre au milieu de la rue, car ses paroles ne pourront séduire ni engager personne ; mais peut-on sérieusement établir ici une pareille similitude? On nous oppose qu'il n'y a pas publicité parce qu'on était dans une auberge où l'on avait recommandé de ne point admettre le public ; parce qu'on était réuni et enfermé dans une chambre particulière. Mais la Cour de Cassation a décidé qu'une auberge et ses appartenances étaient publiques ; que leur nature ne changeait point parce que des idividus auraient prescrit de ne point admettre le public à un repas donné en ce lieu, car il est habituellement ouvert au public. Or je vous le demande, la position n'est-elle pas exactement la même pour les accusés d'Avesnes? Nous voyons encore dans la jurisprudence, qu'il y a délit lorsque des paroles coupables sont proférées dans un lieu public ; peu importe qu'il y ait plus ou moins de personnes. Telle est la doctrine de la Cour de Cassation. — Quant au principal accusé, nous dirons que d'ailleurs, en écartant de Roquemaure tout sujet de complicité avec De Bieuvre, il resterait toujours contre lui la scène du bonnet rouge et l'apologie d'Alibaud au café Meurant. Vous péserez, messieurs, toutes ces considérations dans votre sagesse et vos consciences; vous verrez si l'on peut renvoyer impunis des ennemis du gouvernement de juillet.

Mᵉ Huré fait la réplique suivante :

Ce ne sont point, a dit le ministère public, les amis du gouvernement qui font rire à propos de faits graves : je l'avoue, je ne sais plus comment plaider et continuer la défense. On me reproche d'avoir fait rire l'auditoire : eh bien ! on a excusé De Bieuvre de bégayer, excusez-moi aussi d'avoir été plaisant dans une cause qui m'a semblé ridicule ; je suis resté dans mon sujet. On a voulu par des insinuations faire naître des doutes sur ma conduite : jai servi le gouvernement, je n'ai jamais été servile.....

M. l'avocat-général se lève : Je proteste contre ce qu'on vient d'avancer ! Vous vous trompez Mʳ Huré ; je n'ai pensé à aucune insinuation.

Mᵉ Huré continuant : On argumente de l'opinion du colonel qui, mieux informé, a fini par trouver l'affaire très criminelle : M le colonel du 6ᵉ a trop de tact, trop de bons sens pour venir dire à la justice ; vous vous êtes fourvoyée, vous poursuivez aveuglément une ombre. Le ministère public, nous le savons bien, a quelque fois de rudes charges à supporter ; l'affaire d'Avesnes en est une nouvelle preuve : l'accusation était dressée, on y a persisté, il a bien fallu la soutenir telle quelle, une fois le combat engagé. Quoi qu'on ait dit, on a reproché à Roquemaure d'avoir pris l'initiative à la révolution de Juillet, et d'avoir manqué alors gravement à la discipline militaire. Mais avait-on permis aux soldats de briser leurs épées et leurs baïonnettes, aux journées de Juillet, pour ne point les enfoncer dans le cœur du peuple ? Il existe donc quelquefois de rares et glorieuses exceptions pour la discipline militaire. Il faut justice égale pour tous ; ne refusons point nos éloges à tel ou tel parti : on peut vanter le courage des Suisses et des officiers de la garde royale morts magnanimement pour la cause qu'ils avaient embrassée. — On a insinué contre mon client le crime et le vol : Roquemaure ne veut pas seulement sortir libre , mais avec son honneur pur. Que de sottises n'ont pas contées en effet les commères d'Avesnes sur ce prétendu vol ; elles qui en ont tant débitées sur la fameuse conspiration qui les faisait trembler comme des feuilles ! — On dit que Roquemaure faisait boire De Bieuvre pour l'exciter à agir : quoi ! un homme intelligent comme Roquemaure , employer de pareils moyens , de tels agens ! mais cela ne peut se soutenir , pas plus que De Bieuvre quand il est gorgé de liqueurs alcooliques. Puis voyez ; Roquemaure , lui , le grand commandant , le grand ordonnateur du complot , aurait été assez maladroit pour inviter Corbet , un juste-milieu , à un banquet qui devait être une fournaise insurrectionnelle ; à un banquet où , entre la poire et le fromage , on devait aiguiser les couteaux et dire aux convives : marchons! allons proclamer la république ! Quoi ! parce que De Bieuvre a conçu mille idées extravagantes , lui qui devait répandre les millions et les grains d'épinard sur tous les conjurés, en faire des colonels ; parce qu'il vous a débité ici des contes monstrueux par leur absurdité , vous pourrez dire qu'il est plus croyable que Roquemaure! Le défenseur de De Bieuvre, toujours calme, modéré , pour donner un coup d'épaule à son client a bien voulu croire à la sincérité de ses aveux : permis à lui d'en agir de la sorte ; mais qu'on ne prétende point nous lier , nous , par de tels aveux. — Le ministère public a parlé de Strasbourg : mais là , un colonel disait à ses soldats de marcher ; il y avait encore quelques étincelles sympathiques pour la gloire impériale , prêtes à se réveiller ; une image vivante de Bonaparte , du grand Napoléon qui semblait sortir du tombeau , était là pour enflammer les troupes ; le prince Louis leur rappelait le souvenir d'une époque immortelle ; un régiment entier marchait à ces prestiges , précédé par un brave chef paré d'un reflet de la gloire versée sur la France par l'oncle de ce jeune prince. Mais à Avesnes ! pour entraîner les soldats, quel était donc le Bonaparte qu'il y avait à Avesnes ?..... Bonaparte De Bieuvre !

Si Roquemaure eût été un fourbe, comme on l'a prétendu, les sous-officiers l'eussent repoussé avec mépris :
leur adhésion à Roquemaure, leur attachement pour
lui sont une preuve de sa moralité. Ils ont chèrement
payé ces marques de sympathie ; ils ont perdu leurs
galons, pour n'avoir point voulu abandonner un ami
dans le malheur. Dira-t-on que l'amitié des sous-officiers
était intéressée, qu'il ont agi ainsi par reconnaissance
pour Roquemaure qui les avait protégés par ses déclarations, qui avait parlé en leur faveur ? Mais sous ce
point de vue, Roquemaure serait encore louable ; car,
messieurs, quand on conspire, on doit se taire et mourir. — Faut-il vous reparler de ces dernières planches
de salut auxquelles veut en vain se rattacher l'accusation ; discuterons-nous encore ces piteux moyens ?
Eh bien ! pour la calotte rouge, vous avez deux témoins ; j'en ai trois, moi ; j'ai donc le nombre pour
l'emporter. Voulez-vous les peser maintenant, les témoins ? D'abord vient Zambeaux qu'on retrouve toujours partout, sous la calotte comme sous la table : je
rejette Zambeaux qui s'est récusé lui-même en se ré-
tractant. Reste donc Mme Meurant contre trois : mais il
y a rivalité de métier entre Meurant et Roquemaure,
cafetiers tous deux ; Meurant est de plus lié avec De
Bieuvre. Si vous dites que les trois sous-officiers, mes
témoins, sont liés avec moi ; il y a parité dans nos si-
tuations respectives, mais trois valent toujours mieux
qu'un. Du reste celui qui a placé la calotte sur une
bouteille, m'est connu ; je tairai son nom, je ne suis
point un dénonciateur ; qu'il suffise que ce ne soit pas
Roquemaure. Vous rattachez au bonnet les mots, *c'est
à la vie, à la mort !* moi, je les rattache à l'amitié ; ce
qui est plus naturel. — Vous dites que nous avons fait
l'apologie d'Alibaud : Roquemaure déteste l'assassinat,
le régicide ; il n'a pas tenu positivement la conversation
qu'on lui attribue. Il a dit que par rapport à Fieschi et
à Louvel, Alibaud avait montré plus de cœur ; qu'il y
avait loin d'Alibaud à ces misérables, qu'il leur était
supérieur : oui, Messieurs, supérieur ; quand ce ne
serait que par son silence ; car en fait de conspiration,
le silence c'est un mérite ; on meurt sans trahir des com-

pagnons plus heureux que soi. M. Isidore Lebeau a entendu Roquemaure tenir le propos incriminé ; j'ai prouvé combien il était dangereux de s'en référer à des rapports de choses entendues.

Ma mission est maintenant terminée, Messieurs ; j'ai pu être long, mais excusez-moi de m'être tant étendu dans une cause si minime qu'on a si grossie ; j'avais à défendre la liberté d'un homme à qui on ne rendra ni sa fortune, ni son commerce ruiné, ni sa santé altérée ; mais après tant de jours de souffrance, après tant de jours passés en contact avec des criminels, rendez-lui au moins, hâtez-vous de lui rendre la liberté.

Mᵉ Danel se lève à son tour, et ajoute ces mots à la défense de son client.

Messieurs, je serai bref dans ma réplique, car vous devez être fatigués de ces longs débats. Quoiqu'on en ait dit, il n'y a point légalement attentat dans l'espèce. Quant au complot, je soutiens aussi, malgré les allégations du ministère public, qu'il n'y a pas eu complot. En effet, il n'y avait rien d'arrêté, rien de déterminé ; tout était encore vague, on ne savait ce qu'on allait, ce qu'on devait faire : on n'était pas non plus d'accord sur le moment d'agir ; l'un voulait de suite ; l'autre disait, attendez que je sois sorti du cachot, pour vous aider avec le sceau du commandant dont je suis secrétaire. A Vendôme, on avait lu, affiché des proclamations ; on avait fixé, distribué les rôles ; le but était assigné : à Avesnes, rien de tout cela ; on ne se rencontre donc pas ici dans les conditions d'un complot. Un dernier mot sur l'attentat : la presse hostile, nous le répétons, a été le but unique de la loi de 1835. Il faut d'ailleurs suivant cette loi, *la publicité* ; je ne la trouve point dans ma cause : dire confidentiellement à quelqu'un dans la rue des propos coupables, ce n'est point rentrer dans le cas prévu par la loi ; il n'y a point là de publicité. Un homme, à l'auberge, parle de projets criminels dans la salle commune des voyageurs, ou dans sa chambre ; pouvez-vous dire que la position soit la même dans les deux cas ? Quoi ! direz-vous qu'un homme rêvant dans sa chambre bien close, mais faisant partie d'une auberge, aura proféré des propos en public ! Ce n'est pas une question de droit que vous avez ici à examiner ; c'est une question de bon sens. — Enfin, si vous n'étiez pas convaincus de la culpabilité de Roquemaure , je crois que votre conviction devrait exister la même pour De Bieuvre : vous pourriez encore, je pense , établir un terme moyen en admettant des circonstances atténuantes, puisées dans la franchise des aveux de De Bieuvre. Dans tous les cas , MM. les jurés , vous n'avez à juger que d'après votre conscience et votre intime conviction, nous en attendons avec confiance le résultat.

M. le Président, après avoir demandé aux accusés et à leurs conseils s'ils avaient quelque chose encore à ajouter à leur défense, prononce que les débats sont terminés. Il procède alors avec art à un résumé clair et net de tous les faits et débats de la cause , puis il pose aux jurés les neuf questions suivantes sur lesquelles ils ont à répondre :

1° Roquemaure est-il coupable d'avoir , en décembre 1836 , formé un complot ayant pour but de renverser le gouvernement , d'exciter les citoyens à la guerre civile , et de porter la dévastation , le massacre et le pillage dans la ville d'Avesnes ?

2° Ce complot a-t-il été suivi d'actes servant de commencement d'exécution ?

3° De Bieuvre est-il coupable d'avoir commis le crime contenu dans les deux questions ci-dessus ?

4° De Bieuvre s'est-il rendu coupable d'attentat à la sûreté de l'état , le 11 décembre 1836 , en provoquant les citoyens , par des discours proférés dans des lieux et réunions publics , aux crimes prévus par l'article 87 du code pénal ; sans toutefois que ces provocations aient été suivies d'aucun effet ?

5° De Bieuvre est-il coupable de provocation par les mêmes moyens à commettre les crimes prévus par l'article 91 du code pénal ; mais aussi sans effet ?

6° Roquemaure est-il coupable comme complice des crimes contenus dans les deux questions ci-dessus ?

7° Roquemaure est-il coupable d'avoir vers la fin de 1836 , commis un outrage à la morale publique et fait l'apologie d'actes qualifiés crimes par la loi pénale, en proférant dans un lieu public ces paroles : *L'action d'Alibaud est grande et sublime, il a agi en homme de cœur en risquant sa vie pour rendre un grand service à la France!*

8° Roquemaure est-il coupable d'avoir, au commencement de décembre 1836, fait publiquement acte d'adhésion à une autre forme de gouvernement, en exprimant le vœu ou l'espoir de la destruction de l'ordre monarchique constitutionel; pour avoir, dans un café, placé sur une bouteille un bonnet rouge et proféré ces paroles : *Voilà le bonnet de la république ou vive la rébublique!* puis ajouté en portant un toast : *C'est à la vie et à la mort!*

Neuvième et dernière question : De Bieuvre est-il coupable d'avoir vers la fin de 1836, fait publiquement acte d'adhésion à une autre forme de gouvernement en prenant dans des lieux publics, à Maubeuge, la qualification de *républicain?*

A six heures moins un quart, M. le président fait sortir les accusés de l'auditoire ; et les jurés se retirent dans la chambre des délibérations. Au bout d'une demi heure ils rentrent dans la salle où s'établit un profond silence ; et M. le président leur demande le résultat de leur délibération. Le chef des jurés se lève alors et dit en mettant la main sur son cœur : « Sur mon honneur et ma conscience devant Dieu et devant les hommes, la déclaration du jury est : non, les accusés ne sont point coupables ». Des applaudissemens éclatent au milieu de la foule : M. le Président fait rentrer dans la salle les accusés auxquels on lit ce verdict d'acquittement, et il ordonne qu'ils soient mis immédiatement en liberté. Leurs amis se précipitent et se pressent autour d'eux : la mère de De Bieuvre est prête à se trouver mal ; Mᵉ Huré prend et unit les mains de Roquemaure et de De Bieuvre ; et l'on voit ces deux ennemis, oubliant leur haine, s'embrasser fraternellement, aux yeux de la foule qui se retire émue de ce spectacle.

FIN.

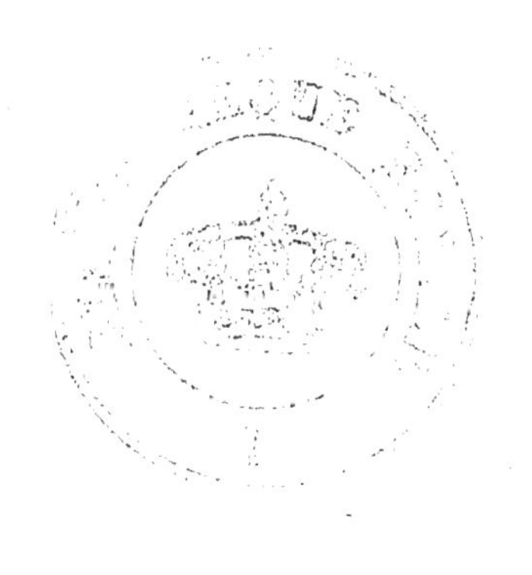